小児科医のぼくが伝えたい

最高の子育て

高橋孝雄

マガジンハウス新書
015

この本を手にとってくださって、
ありがとうございます。
子育ての専門家ではないぼくが、なぜ、
この本を書こうと思ったのか。
子どもたちに、この世に生まれたかぎりは、
ひとり残らずしあわせになってもらいたいからです。
子どもたちがしあわせな社会こそ、
豊かで未来ある社会です。

小児科医として、病気の子ども、健康な子ども、
ほんとうに多くの子どもたちと出会ってきました。

多くのおかあさんたちにも出会ってきました。
そしてやっと、子どもが育つということはなにか、
子どもを育むということはなにか、
見えてきたような気がします。

小児科医のぼくが、あなたに伝えたかったのは、
ごくあたりまえのことばかり。
でも、夢中で子育てをしていると、
夢中で仕事をしていると、
忘れてしまいがちなことばかり。
何度も読み返していただけることを願っています。

子どもが
しあわせなら……
それだけで
みんな、しあわせ

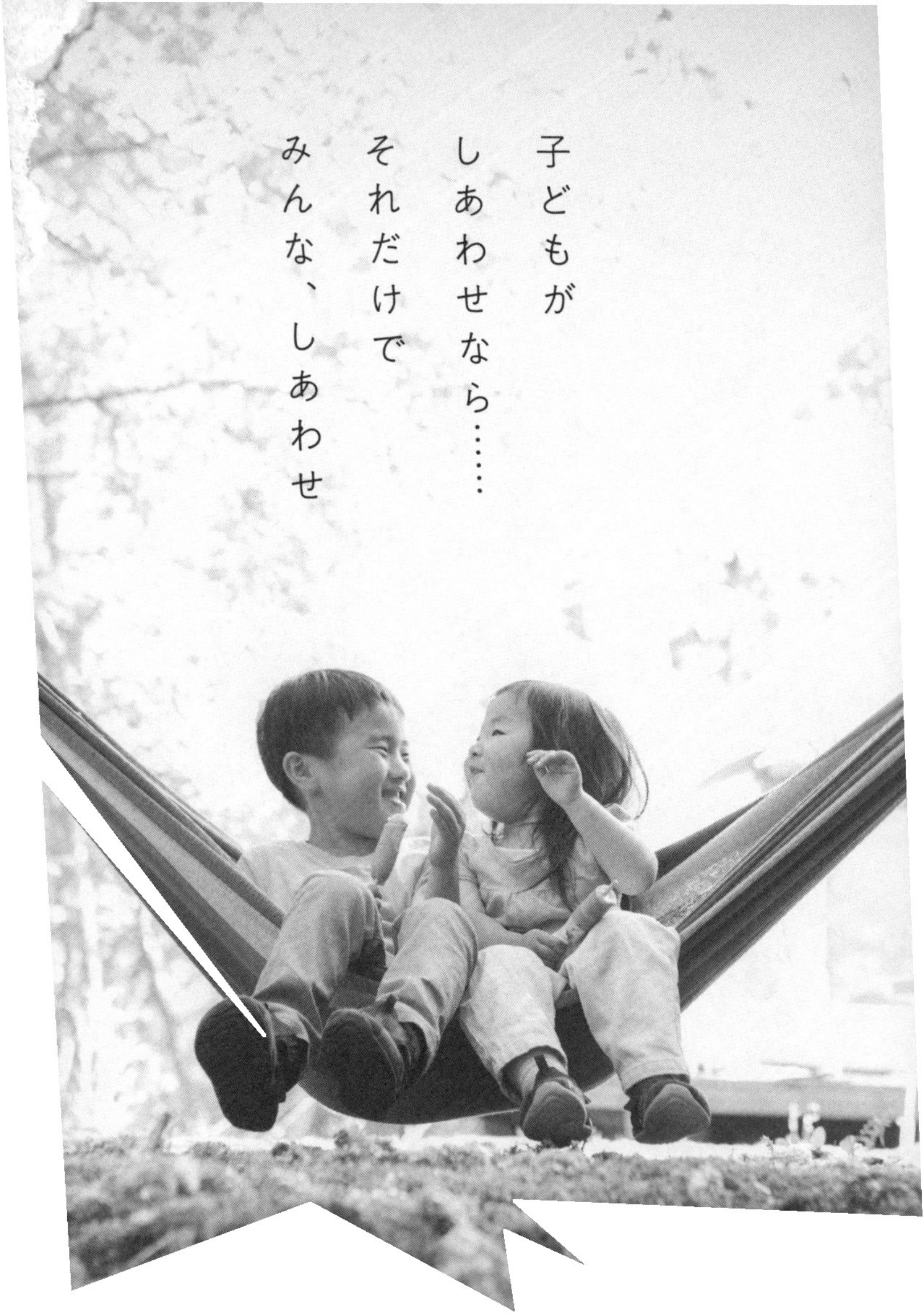

はじめに

ぼくが小児科医になったのは１９８２年のことです。白衣をまとい聴診器を首からさげれば医師のいでたちができあがり、子どもの視線に合わせて「どうしたのかな」とほほ笑みかければ「一人前の小児科医」になれると思いこんでいました。

生まれたばかりの赤ちゃんから思春期、そしてその先まで、この40年あまりで何万人の子どもたちと出会ったのでしょう。病気や困難を抱えた子どもたちの傍らにはいつも不安気なおかあさんがたたずんでいました。小児科医になって最初に教えられたことは「子どもの病気を治したければ、一緒におかあさんを治しなさい」ということでした。

しかし、目の前の子どもの病気に直面することで精いっぱいで、おかあさんの不安や孤独に思いをはせることは、実際にはたいへん難しいことでした。四六時中、子どもと一緒にすごし、手厚い〝医療〟を施しているのは実はおかあさんたちです。そんなあたりまえのことを実感するまでに、ぼくは20年以上を費《つい》やしました。

子どもたちやおかあさんたちの声に耳をすまし、彼らの代弁者になることが、小児科医としてどれだけたいせつなことか、やりがいのある仕事か、やがて気がつき、この歳になってやっと、「おかあさんたちにも早く笑顔になってもらいたい」と思えるようになりました。

たとえ健康な子どもを育てていても悩みはつきないもの。ちまたには情報があふれ、「失敗はすべて自分のせい」「あとで後悔したくない」と感じ、プレッシャーや不安に押しつぶされそうになっているのではないでしょうか。

おかあさんやおとうさんたちにできることは、たったひとつ。生まれてきてくれたわが子の底力を信じて、成長していく姿を楽しみに見守ること。たったそれだけでいいのです。とはいえ、なにを根拠に信じればいいのか。その答えを見つけていただくために、ぼくはこの本を書くことにしました。

早産でごくちいさく生まれた赤ちゃんの脳にはしわがないのですが、それでもじっと待っていれば、保育器のなかでさえも、大人と同じパターンのしわが刻まれるのです。そして、ほほ笑む、見つめる、声を出す、手をのばす、握る。あるいは、仮死状態で生まれて、「もうだめかも」、という危機的状況に陥《おちい》っても、あらかじめ約束されていたかのように息を吹き返す。そんな奇跡のような瞬間に立ち合って、「遺伝子が描いたシナリオ」を実感してきました。

そこでぼくは思ったのです。子どもたちの秘めた力を信じて育児にかかわれたら、もっとゆったりとおおらかな気持ちになれるのではないかと。

あなたにも両親からもらった遺伝子があります。それはやがて子どもへと、さらに次の世代へと連綿と受け継がれていく。目には見えない遺伝子こそが「子どもを信じる」根拠なのです。その神秘的な世界を知れば、日々の子育てで張りつめた緊張がほどけるでしょう。「そうか、わかった！　生まれ持った力ってすごいな」と思えたら、目の前にいる子どもをぎゅっと抱きしめたくなりますよ。

これから始める、一見あたりまえのようにも見える〝奇跡の物語〟が、少しでも子育てのヒントになればいいなと、ぼくは願っています。

高橋孝雄

第1章 子どもの個性、能力は親から受け継いでいる

子どもの個性、能力や才能は、おとうさんとおかあさんから受け継いだ遺伝子によって約束され守られています。ほかの子や標準値と比べて一喜一憂せず、お子さんの未来を信じて成長を見守りましょう。

第2章

悩める子育て、いったいどうすればいい？

子どもの人生をよりよくするには、持って生まれた才能や個性をそのまま花開かせてあげればいいだけ。情報に振り回されるのは無意味です。

第3章 親が心がけたい、子育てにいちばんたいせつなこと

勉強ができる、運動ができる。それも立派なことでしょう。でも、なによりも大事なのは、「共感力」「意思決定力」「自己肯定感」、この3つです。これを身につけられるようにするのが親の務めです。

第4章 病児とのかけがえのない出会いが教えてくれたこと

小児科医として、多くの病児と巡りあってきました。子ども自身が本来持つ力と環境の力を思い知らされたこともたびたびです。子育てに悩むおかあさん、おとうさんにも知ってほしいことです。

第1章

子どもの個性、能力は親から受け継いでいる

子どもの個性、能力や才能は、おとうさんとおかあさんから受け継いだ遺伝子によって約束され守られています。ほかの子や標準値と比べて一喜一憂せず、お子さんの未来を信じて成長を見守りましょう。

「トンビがタカを産む」は、遺伝的にはありえません。

海辺を歩いていると空を大きく旋回しながらえさを探しているトンビに出会います。ピーヒロロロといいなく鳴き声はそれだけでのどかな情景です。いっぽうのタカはくちばしや眼光も鋭く、鳥類のなかでも強くてしなやか。獲物をとらえたら離さない獰猛《どうもう》さがあります。トンビとタカは同じタカ科ですが、まったく別の鳥です。

それがなぜ、「トンビがタカを産む」ということわざになったのでしょう。

生まれた子どもが両親とはかけ離れた才能を持っていたり、優秀だったりすると、世間の人々は訳知り顔で「ああ、トンビがタカを産んだ」とつぶやくのです。負け惜しみなのか、「逆立ちしたってかなわない」とカブトを脱いだのか。

いずれにしても、「トンビがタカを産む」ことはありません。

いやいや、ちょっと待ってください。両親ともに学業成績がふるわなかったのに、子どもの成績は学年1位。トップクラスの大学に現役合格している例だって、ありますよね。これは立派な「トンビがタカ」に見えるかもしれません。あるいは両親にまったく音楽の素養がなく、英才教育を受けたわけでもないのに、音楽家として成功している人もいるでしょう。これも「トンビがタカ」じゃないのか。実は違うのです。

まずは勉強が得意じゃなかった両親からトップランクの大学に現役合格する子どもがなぜ生まれるのか、という謎から。そのご両親は、家庭の事情や時代状況などで、勉強する習慣がなかっただけかもしれないし、勉強のやり方がわからなかっただけかもしれません。よき指導者に出会って学習環境が整っていれば、相応の学力をつけていたかもしれない。その可能性は否定できないはずです。

つまり、おとうさん、おかあさんも実はトンビではなくタカだったというふうに考えられるのです。音楽家のご家族もしかり。おとうさん、おかあさんも、なにかのきっかけで音楽に親しむ機会があれば、子どもと同じように才能を開花させていた可能性が十分にあります。こちらも「トンビのようで実はタカ」。今からでも楽器を習いはじめたら、めきめきと上達するかもしれないし、歌ってみたら、実は素晴らしい歌唱力があるかもしれませんね。

突然変異という言葉を聞きます。突然変異があれば、トンビがタカを産むのでしょうか。これもありえませんね。ごく平凡な両親から超が付く優秀な子どもが生まれたとしても、それは、遺伝情報がもともと持っている正常な〝振れ幅〟に収まるていどのものなのです。遺伝子が決めたシナリオの〝余白〟のようなものですね。

その逆もあります。おとうさんもおかあさんも、それぞれの道で才能を発揮して、活躍しているとしましょう。ところがおふたりの子どもは、あまりぱっとしない。「なぜ、わたしたちの子どもが……」となげくことがあるかもしれません。それも、心配ないですね。親がタカならば、子どもだってタカ。タカはトンビを産みません。お子さんも自分の才能に気づいていない、生かしきれていない、才能を持てあましている、というだけなのかもしれません。

トンビはトンビの子を産み、タカはタカの子を生む。ツバメはツバメの子を産み、ヒバリはヒバリの子を産む。アンデルセン童話〝みにくいアヒルの子〟は実はアヒルの子ではなかった。ここで大事なことは、鳥の種類が違うだけでそこに優劣はない、ということです。教育の効果とは、親から受け継いだ遺伝子の特徴を上手に生かせるようにすることなのです。

男の子はママ似、女の子はパパ似。医学的な根拠はありません。

赤ちゃんが生まれてしばらくすると、「パパかママか、どっちに似てる?」と、家族や友だち、親戚のあいだで話題になりますね。顔立ちなどの外見は「男の子がママに似て、女の子はパパに似るように決まっているらしい」と、あたかも定説のように伝え聞きます。小児科医のぼくとしても、顔つきだけではなく、手足の長さ、さらには性格や考え方までもが親ゆずりで、遺伝子のチカラにはっと驚くことがあります。

さて、あとでくわしくお話しする「お酒に強い弱い」は、単一の遺伝子の働きの強弱で体質が決まる単純なパターンで、単一遺伝と呼ばれていますいっぽう、顔立ちには複数の遺伝子が複雑にかかわっていて、このようなパターンは「多因子遺伝」と呼ばれています。身長や骨格なども多因子遺伝する個性です。

遺伝する病気にも2パターンがあって、単一遺伝子疾患、多因子遺伝疾患に分かれます。たとえば、ホルモンの合成や脂質や糖の分解に問題がある病気は前者(単一遺伝子疾患）であることが多く、生まれつきの心臓病や口唇裂《こうしんれつ》など形の異常をきたす多くの疾患は後者（多因子遺伝疾患）です。ちなみに、遺伝子診断でわかる病気のほとんどが単一遺伝子疾患です。これらの病気のなかには、遺伝子治療によって治すことができるものも含まれています。

元ＳＭＡＰの木村拓哉さんと工藤静香さん夫妻の次女Ｋｏｋｉ，さんは、ファッションモデルとして活躍しています。デビュー時には母ゆずりのすらりとしたボディに、父、木村拓哉さんそっくりの顔立ちが話題をさらいました。子どもの顔立ちがパパ似になるのか、ママ似になるのかは、どうやって決まるのでしょうか。

もともと赤の他人であった夫婦の顔立ちが遺伝的に似ているということはありえませんね。しかし、子どもは〝どちらかと言えばパパ似〟〝あるいはママ似〟というように、どちらかに似ていると感じられることが多いと思います。

幼いころはさておき、女の子はやはり女性らしい顔つきです。男の子もしかり。とくに思春期以降は、女の子はますます女性らしく柔和な顔つきになっていき、男の子は男らしく精悍《せいかん》な顔つきになってくるように感じます。つまり、女の子はおかあさんに似て、男の子はおとうさんに似るのがむしろ〝あたりまえ〟ではないでしょうか。ところで、木村拓哉さんは10代のころも青年になってからも、どちらかと言えば〝女性的〟な甘いマスクでしたね。

ところが、そんなふうにひと筋縄ではいかないところが興味深いのです。女の子が「子どものころはママ似だったと思ったけど、最近、パパに似てきたね」などという話もよく耳にします。顔の中心部、つまり〝目鼻立ち〟は顔立ちを決める主要箇所です。これらの部分を作る遺伝子は複数あり、それらを母と父から、どのようなパターンで受け継ぐかで、ママ似、パパ似があるていど決まってくるのです。

女の子なのに〝意外に〟パパ似となれば人々の印象にも残りやすく、それが都市伝説のように「女の子はパパ似」という説が広まったのかもしれません。

さて、話は壮大なテーマへとつづきます。そもそも男女の根本的な違いを決めているのはなんでしょうか。それは、性染色体の組み合わせです。ヒトの性染色体にはXとYがあり、XXの組み合わせであれば女性、XYであれば男性になります。性染色体の組み合わせは受精した瞬間に決まるのですが、最初はからだの構造に男女差はないのです。そして、黙っていればそのまま女性になるようにプログラムされています。

ところが、妊娠8週目ぐらいになると、Y染色体を持っている胎児、つまり男の子の胎児では、SRY《エスアールワイ》という遺伝子がオンになります。これをきっかけに男の子の胎児は、自ら男性ホルモンを作るようになり、男性の外性器が作られていきます。もとをたどればすべては単一遺伝子であるSRYが仕組んだことなのです。

胎児が作る男性ホルモンの量は、男性ホルモンを作る遺伝子のチカラによって決まります。その量が多いか少ないかによっては、性染色体が決めた性別や見た目の性器と、赤ちゃんが将来「自分はこうありたい」と思う性（ジェンダーアイデンティティ）が微妙にずれてしまうこともあります。これもまた、遺伝子が決めたことなのです。

持って生まれた性が受け容《い》れられないと違和感を持つひとたちの苦しみや葛藤は言葉では言い尽くせないでしょう。性別に関する意識をコントロールしているのは、ほかでもない遺伝子なのです。誰かを責めるべきことではないし、ましてや親の躾《しつけ》や育て方が問われることでもありません。たとえば、男の子にピンク色の洋服を着せても、女の子に木登りや格闘技を教えたとしても、育児のバリエーションによって子どもが将来、ジェンダーアイデンティティに違和感を持つことはないのです。

からだのつくりが異なることとはさておき、男女は社会的には平等で対等な関係です。

しかし、遺伝子的には違いがあります。からだつきも女の子は曲線的、男の子は直線的に育ちますが、遺伝子のシナリオにそう描かれているからです。すべては遺伝子の仕組みにしたがって起こる現象なのです。

XYの染色体を持つぼくたち男性は、Y染色体を持たない女性と比べると、性格や行動パターンにも特徴があります。身近な例では、女性はさまざまな記念日をよく憶えていますが、男は誕生日と結婚記念日を憶えておくのが精いっぱいな気がします。そして、子どものころは男の子のほうが幼稚で落ち着きがないのも、Y染色体のせいかもしれません。たとえ、やんちゃな男の子育児に振り回されて疲れてしまっても、それが男の子に共通した遺伝子の仕業だとわかれば、少しは気が晴れませんか。

さらに、男の子は女の子に比べると、生命力が弱いようです。早産などでちいさく生まれた新生児をみても、同じ週数、同じ体重なら、女の子の生存率が高くなります。実は生まれてくる赤ちゃんの割合は、男の子のほうが多いのですが、やがて、成長して男女が出会い、子どもをつくる年齢に達するころには、ほぼ同数になります。遺伝子は男女の寿命についてもシナリオを用意しているようです。

遺伝子は変わらないけれど、進化のための「余白」はあります。

遺伝子のもっとも重要な仕事とはなんでしょう。それは「変わらないこと」「長く維持すること」。人類の歴史を何億年もさかのぼってみても、遺伝子そのものは驚くほど変化していません。遺伝子は、厳重に鍵がかかった秘密の部屋で、わたしたちの誕生から死までをずっと見守り続けているかのようです。

本来ヒトにはどんなに劣悪な環境のもとでもきちんと育ってゆく力が、あたえられているのです。進化の過程で自然淘汰《とうた》をくり返すなかでも、大事な遺伝子は「変えてはいけない枠組み」としてしっかり保存されます。

いっぽう、遺伝子は精巧なコピー機のように変化をまったく許さないわけではないのです。遺伝子が書くシナリオには余白があって、そのわずかな〝ゆとり〟があるからこそ、わたしたちは進化することができるのです。一足飛びに変化することはせず、かぎりなく時間をかけて、少しずつ少しずつ変わっていく。進化を遂げる。これも遺伝子の仕事なのです。

遺伝子は、たいせつなものを確実に守りながら、個性という〝ゆとり〟を許容します。すべての正常なものには、ばらつきがあります。ゆとりがあって少しずつ異なるから〝個性〟が生まれるのです。父と母、お互いの遺伝子をクロスさせることで、親とは異なる遺伝子のシナリオが子どもへと受け継がれてゆく。ここにも、遺伝子の神秘的な強さが隠されているのです。

個々の遺伝子にはスイッチが付いていて、ONとOFFを切り替えることが可能です。専門用語では、遺伝子のスイッチがONになることを「遺伝子が発現する」と呼びます。遺伝子が仕事をするためには、発現することが必要です。睡眠によっても、季節によっても、年齢によっても、遺伝子の発現パターンは変化します。つまり、遺伝子が決めた設計図そのものは変わらなくても、遺伝子の働きは日々、あるいは季節ごとに、あるいは成長するとともに変わっていくのです。

遺伝子の働きにON／OFFがあること、つまり働きが柔軟にコントロールされていることで、わたしたちは環境に順応していくことができるのです。

また、長年の生活環境や習慣、教育などが、わたしたちの心身の健康のみならず考え方や行動パターンにまで影響を与えるのは、遺伝子の発現に〝揺らぎ〟があるからなのです。

遺伝子が本来持っている「変わらない力」、一人ひとりの個性を演出する「ゆとり」、そして環境への順応や努力による進歩を可能にする「揺らぎ」。遺伝子の総合力を信じ、活用してお子さんに接すれば、それが最強の育児になると思うのです。

背の高さは親に似ますが、
±8〜9センチのゆとりがあります。

欧米では遺伝子を操作してでも、頭が良くて見た目もきれいな子どもがほしい、という人たちがいるそうです。

あれはバブルのころでしたか。日本でも、高身長、高収入、高学歴の〝三高〟がもてはやされて、結婚相手の条件だという女性がいましたね。背の高い人を結婚相手に選ぶ理由は、一緒に街を歩くときに見映えがいいからでしょうか？　あるいは、この人と結婚すれば、すらりと背の高い子どもが生まれる、と本能的に思ったのかもしれません。

そうなのです。子どもの身長はあるていどは遺伝子で決まっています。実はおとうさんの身長とおかあさんの身長を数式にあてはめれば、生まれてきた子どもの最終身長がはじきだされるのです。

では、その数式をご紹介しましょう。ぼくたち小児科医はそれをターゲットハイト（予測身長）と呼んでいます。

男児　父の身長＋母の身長、それに13㎝を足して2で割る
※±9㎝くらいの幅〝ゆとり〟があります。
女児　父の身長＋母の身長、そこから13㎝を引いて2で割る
※±8㎝くらいの幅〝ゆとり〟があります。

さっそく計算してみましょう。
お父さんが170㎝、お母さんが160㎝だとすれば、男の子の場合のターゲットハイトは（170＋160＋13）÷2＝171・5㎝、女の子の場合は（170＋160－13）÷2＝158・5㎝　となります。

本来は、背の低いお子さんを診察する場合に、ご両親の背が低めだから遺伝的に背が低いだけなのか、成長ホルモンが十分に分泌されないなど病気が隠れているのかを判断するときの簡単な方法として使われる数式です。しかし、背の高さはご両親から受け継いだ遺伝的な個性、と理解するにはわかりやすいお話だと思って紹介しました。

「身長が伸びなくて心配」「クラスメートと比べてちいさいのが気がかり」というおかあさんは、一度、この数式におふたりの身長をあてはめてみてください。

背が高いおかあさんのなかには「自分も背が高くて苦労したから、娘にはそんな思いはさせたくない」と悩むひともいるようですが、これはかりは遺伝子で決まっていることと。「背が高いと女は苦労する」とか「これ以上、背が伸びてどうするの」と、コンプレックスを感じさせるような的外れな発言は慎みたいものです。

反対に背が低い子どもにも、「一学年下の○○くんよりもちいさいのね」とか、「お菓子ばっかり食べているから背が伸びないのよ！」などと、軽率なこと、根拠のないことを言わないようにしましょう。

いずれにしても子どもの身長について、両親の遺伝子が教えてくれる大体の数値を知っていることで、よけいな心配や過度な期待をしなくてすむかもしれませんね。背の低さが心配で病院に来られても、たいがいはターゲットハイトのゆとり範囲内のことです。ホルモンの働きなどに問題があって実際に治療が必要となる場合はむしろ少ないのです。

「なんとか背を高くしてやりたい」「1㎝でも伸ばしたい」と願う気持ちもわかります。

しかし、牛乳を1日何リットル飲んでも、バスケットボールをしても、効果は期待できません。ちまたでは〝子どもの身長を伸ばす〟と謳《うた》うサプリメントが市販されていますが、これらも気休めでしょう。

太りやすい体質、食べものの嗜好《しこう》なども、遺伝子に組み込まれているのではないか、という説がありますが、身長ほど明確ではないのです。体重は食生活をはじめとする生活習慣の影響を受けやすく、遺伝子の力のおよぶていどは身長に比べると弱いようです。

身長と同じように遺伝子で大枠が決まっているものに頭囲《とうい》(脳の大きさ)があります。「うちの子、頭が大きすぎないでしょうか」と不安を感じるおかあさんもいます。そこでご両親の頭のサイズを聞くことに。すると、標準よりも大きめのことが多いのです。発達が正常範囲なら「これはご両親からの遺伝ですね、ご心配なく」という判断になります。なお、両親の頭囲が大きくはなく、子どもだけ頭囲や脳が大きい場合で、発達の遅れや神経の症状がある場合には原因を探るために検査をすることがあります。遺伝子の異常によって起こる脳の大きさの変化もあるからです。

お酒に強い弱い、まったくの下戸。親の特性がシンプルに伝わります。

ビールはジョッキで何杯でも、ワインのフルボトルがすぐに空く。ビールをひと口飲めば顔は赤らみ、動悸《どうき》がして頭はくらくらする。お酒に強いか弱いか。お酒が好きか苦手か。酒豪か下戸か。お酒にまつわることは、遺伝子が決めている体質の代表的な例です。

なぜ、お酒を飲むと悪酔いしたり、二日酔いになったりすることがあるのでしょう。それは、アルコールからできるアセトアルデヒドが吐き気や頭痛を引き起こすから。この厄介者を分解する〝アセトアルデヒド脱水素酵素〟の力が強いか、中くらいか、弱いかで、そのひとが飲んで気持ちよく酔える量が決まっています。そして、それらを決めているのが、親から受け継いだ一対の遺伝子なのです。

血液型も同じように遺伝子の組み合わせで決まり、親の血液型から子どもの血液型を予測できることは広く知られていることですね。血液型は環境に左右されないので、遺伝子で決まっている、というイメージを理解しやすいと思います。

いっぽう、お酒に強いかどうかは、あるていどは飲酒習慣によって変わります。つまり、環境の影響を受けるので、「遺伝子で決まっている」とは直感されにくいのかもしれません。

お酒を一滴も飲めない、受けつけない。そんなあなたは、一対あるアセトアルデヒド脱水素酵素の遺伝子が、両方とも弱いタイプ。図では、受け継いだ遺伝子がaaの組み合わせであった場合ですね。アセトアルデヒドを分解する力がほとんどないということになります。

お祝いごとの乾杯や、すすめられたら嗜《たしな》むというあなたの遺伝子は、強いタイプと弱いタイプの組み合わせ、つまりAaかaAの組み合わせです。酵素の力もほどほどになります。そして、一対ある遺伝子の両方が強いタイプ、つまりAAの場合、あなたはお酒に強いはず。

お酒に強いか弱いかは、遺伝子による個性の伝わり方を理解するのには良いモデルです。おとうさんとおかあさんのお酒の強さから、子どものお酒の強さを占うことができます。

お酒に強い弱い　6つの遺伝パターン

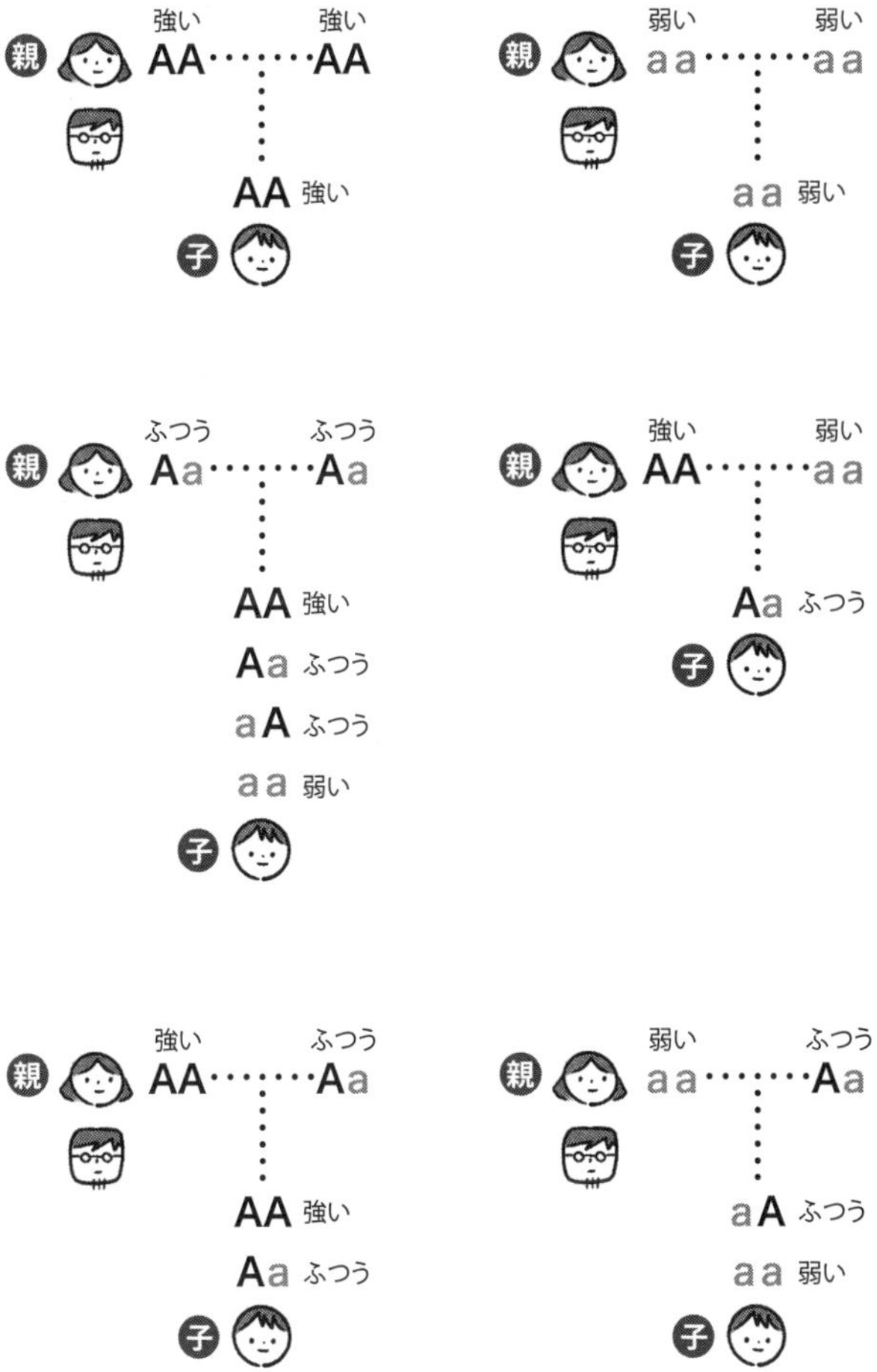

ＡＡのおかあさんとａａのおとうさんから生まれたあなたはＡとａの組み合わせにかぎられます。つまり酒豪のお母さんと下戸のお父さんから生まれる子は、酒豪にも下戸にもなりません。両親がともにＡＡなら、子どもは酒豪になります。ともにａａなら子どもは下戸です。どんなにお酒を飲む練習をしたって無駄なこと。命の危険もあるので、どうかおやめになってください。

このお酒にまつわる遺伝子パターンで、よくあるのがＡａ、中くらいの強さです。酒豪でも下戸でもないほどほどの人どうしが結婚した場合、考えられる組み合わせは「ＡＡ」「Ａａ」「ａＡ」「ａａ」の4通りです。仮にこのご夫婦から4人の子どもが生まれたとしたら、ひとりが酒豪、ふたりは中くらい、ひとりが下戸、となります。確率で言うと、酒豪が生まれる確率は25％、中くらいは50％、下戸は25％となります。

くり返しますが、「どんなに鍛えてもお酒が強くはならないひとがいる」ということです。お酒が飲めない、体質的に合わないのは、遺伝子が決めた個性。だから、恥ずかしいことではありません。内緒にしたり、遠慮したりする必要もまったくないのです。

それを無知なまわりのひとたちが、体質的にアルコールを受け入れられないひとにまで、飲酒を強要したばかりに、急性アルコール中毒になって命を落とすことさえもあるわけです。

ここでもうひとつ、どうしても強調しておきたいことがあります。それは、極度にお酒に弱いとしても、「異常でも病気でもない」ということ。これは誰もが認めるわかりやすい実例だと思います。お酒に強いかどうかは体質の差で決まり、そのような体質は遺伝子のバリエーション(ゆとり)から生まれるものだからです。

遺伝子の設計図にある余白と理解されるべき〝強めの個性〟は、ほかにもたくさんの例があります。落ち着きのない子、言葉数が少なくてひとり遊びが好きな子など、子どものこころのちょっと気になる個性は、病気ではないことがほとんどなのです。子どもの行動面での個性には、大人のそれよりもずっと大きな個人差があることは、みなさんも実感していることでしょう。すでにお話しした身長も、皮膚の色や瞳の色の違いも、遺伝子が決めるたいせつな個性なのです。それは、遺伝子のシナリオにあるちょっとした余白で、人類の進化のために必須な仕掛けでもあるのです。

運動が苦手、体育ぎらいも親に似ます。環境の影響はほとんどありません。

運動会のクライマックス。学年対抗リレーに選ばれる子どもは、さぞや誇らしいでしょう。サッカーチームで活躍してゴールを決めてはチームメイトと抱き合うわが子。そんな感動的なシーンは、おかあさんとしても無上の喜びかもしれません。

かたや、どんなに誘っても運動と名の付くものには関心をしめさず、運動会のかけっこでも最下位があたりまえ。ダンスや組体操でも、振り付けがなかなか憶えられない、タイミングが微妙にずれる。ソフトボールもドッジボールも逃げ腰、大縄跳びでもひっかかるという子どもがいます。ちなみにこれ、小学校時代のぼく、高橋孝雄少年のことです。

うちの子のふがいなさ、運動が苦手、体育ぎらいに、うんざりすることもあるでしょう。「ああ、この運動が苦手なのをなんとか〝人並み〟に近づけることはできないのか」。

運動会や球技大会を憂うつな気持ちで迎えるおかあさんもいると思います。

運動が苦手、実は遺伝的な要素が大きいのです。運動会になるといつもかけっこがいちばんだった両親の場合には、子どもも足が速いことが多く、運動が苦手で……という両親の場合は、子どもも運動が苦手になりやすいのです。

「運動が苦手なのは遺伝する？　ならば早めに！」とあわてて体操クラブに入会させるか、体育専門の家庭教師に個人レッスンを受けさせるか。いえ、そんなことはしなくてもいいとぼくは思います。なぜならば、苦手なことを無理やりさせても、結局、身につかないことも多く、劣等感を味わわせてしまうだけのこともあるからです。子どものほうから、「かけっこが遅いのはイヤだ。足が速くなりたいから、スポーツ教室に入りたい」と提案してきたときには、やらせてあげてもいいと思います。

「運動会で恥をかかせたくない」と親が先回りし、苦手な運動系の習い事を押しつけるのではなく、からだを動かす楽しみを感じられるお子さんにとっての〝なにか〟を一緒に見つけてあげたいものです。走るのは苦手でも、浮力が生かせるマリンスポーツなら上達するかもしれないし、鉄道やクルマが好きならマウンテンバイクに興味を持つかもしれません。

趣味の領域となると、育てられた環境で決まるように感じられると思いますが、アウトドア志向、インドア志向といった〝嗜好〟にも遺伝子のチカラがかなり作用しているようです。ご自身やあなたの夫も子どものころを振り返ると、運動が苦手ではなかったですか？　いまも日常生活でどれぐらいからだを動かしていますか？　週末ごとに登山やツーリングやカヌー、サーフィンなどを楽しむアウトドア派でしょうか？　むしろ、出かけるのは近所のショッピングモールぐらいであとは家でのんびりすごしたいインドア派ではないでしょうか。

そう、もうおわかりですね。運動が苦手な子どもをスポーツ万能に導くことなどできないし、徹底的なインドア派の子どもに自然のなかで遊ぶことを強要しても意味はないのです。苦手なことも個性のうちです。無理やりさせてもいいことはないのです。そもそも、小学校、中学校時代は、スポーツ万能な子どもがもてはやされますが、長いスパンで人生を考えてみましょう。運動が苦手でも、活躍できる場面はたくさんあると思いませんか？

遺伝で決められた「苦手なこと」も、努力で克服できる余地はあります。

幼稚園、保育園のころは、お友だちとふつうに遊べていたし、お遊戯会や運動会もこなせていた。それなのに小学校に入って教科別の勉強が始まるとつまずいてしまう子どもがいます。知能が低いというよりは、極端に苦手な科目がある、という場合も多いようです。「国語の教科書を音読しなさい」と言われても、なかなか文字が追えない。抑揚をつけて読めない。漢字が正しく書けない。足し算や引き算が理解できない。九九が憶えられない。図形が理解できないなど。

おかあさんは、小学校に入ったとたんにわが子にいったい何が起こったのか、とびっくりしてしまいますよね。しかし、これもあるていどは遺伝子が決めていることなのです。音読ができない、簡単な四則計算ができないとなると「うちの子は頭が悪いの？　知能が低いから？」「ほかの子より努力が足りないの？」と考えてしまうかもしれませんが、そうともかぎらないのです。

ここでは、「遺伝子が決めたこと＝努力によっては克服できないのであきらめる、放っておく」と早合点してはいけない。それをとくにお伝えしたいと思います。

「遺伝子が決めたことなら、どうしようもない」とさじを投げずに、工夫を重ねて、お子さんに合ったやり方を見つけること。たとえば、ノートに書き写すのが苦手ならば、iＰａｄなどのモバイルを使ってもいいし、正解すると効果音が出るアプリなどもあります。文字を目でうまく追えない子どもには、先に読んであげて、後からリピートさせると、音読ができるようになるかもしれません。

極端な運動ぎらいも学習上の困難さも、標準的なやり方や基準を強いるだけではなかなか解決に結びつきません。遺伝子が決めた個性であることを認めたうえで、さまざまな角度から彼らにぴったりのやり方を探り、試してみることです。

ちょっとここで想い出話をさせてください。あれはぼくがアメリカのハーバード大学に留学していた１９９０年ごろのことです。ボスであった医学部教授は、ある難病の原因とされる遺伝子を発見したことで世界的に有名な女性医師でした。実は彼女には、医師、学者としては決定的ともいえる大きなハンディキャップがあったのです。学習障害のひとつに分類されるディスレクシア（発達性読み書き障害）。読み書きが極端に苦手という個性のために、彼女は文書をスムーズに読むことができないのです。とくに長い文書などはお手上げです。さて、どうしていたと思いますか？

教授のもとには毎日毎日、大量の書類がまわってきます。それは、もううんざりするほどに。承諾のサインをするのに一枚ずつていねいに目を通し、理解していたのでしょうか。ディスレクシアによって子どものころから苦労を重ねてきた彼女は、すでにその問題を解決していました。書類を秘書や医局員に読みあげさせて、承知したらサインするのです。彼女は医学部の授業でも、自身がディスレクシアであることを公言していました。初めてその話を聞いたときは驚いたのですが、ほんとうのことでした。文書が読めないから読みあげてもらうだけ。自分が苦手なことはまわりの手を借りる。それをあれほどさり気なくできていたのは、多様性を認めるアメリカ文化が背景にあったのかもしれません。ぼくがアメリカ留学で学んだ大事な教訓のひとつです。

日本ではディスレクシアを抱えた子どもたちは、小中学校の学習でつまずき、「怠けている」「ふざけている」と学校の先生から誤解されて問題児扱いされることもあるようです。いっぽう、少しずつ理解が進んで、なかには上手に子どもに力を貸している先生もいるようです。ディスレクシアの子どもたちのために、読みやすいフォント（文字の形）が開発され、個性に合わせた学習方法も工夫されるようになってきました。

とはいえ、悩んでいるおかあさん、お子さんもまだまだ多いと思います。将来のこと、進路などを考えると、不安はぬぐえないかもしれません。そんなときには先ほどのハーバード大学の女性教授のエピソードを思い出してください。たとえ長い文章が読めなくても、医学部の主任教授になり、不治の病と言われた難病を治療する糸口を見つけたのです。それまでには、葛藤も努力も運も才能もあったと思います。しかし、彼女自身の努力とまわりの人々の協力によって、「読み書きが苦手」という重大な一見、決定的なハンディキャップは見事に克服されていました。

あらかじめ遺伝子が決めたことであっても、それが重大な問題と思えても、運命として受け入れる必要はないのです。弱点に目を奪われずに、優れたところ、得意なことを見つけてみませんか。もちろん、誰もが彼女のようになれるわけではありませんが、こんな素晴らしいロールモデルがいたことを、今、子育てに悩んでいる両親や自信を失いかけている子どもたちに、ぜひ、お伝えしておきたかったのです。

トップアスリートであっても、極上の遺伝子の持ち主とはかぎりません。

遺伝子の話題はなぜ盛りあがるのでしょう。タレント、歌舞伎役者、政治家一族、スポーツ選手、ノーベル賞受賞者など、メディアで見かける著名人のエピソードもあれば、元同級生の秀才君や親戚・家族のことなど、話が尽きることはないからです。

そもそも遺伝子ってなんでしょう？　中学か高校の生物で習ったような、習っていないような。あいまいな記憶はさておいて、ちょっとだけ小難しい話になりますが、どうか読みとばさずにおつきあいくださいね。

さて、最初に遺伝子の数の話。ヒトには2万数千個の遺伝子があります。すべての遺伝子は、決まった順番でアミノ酸を作る設計図のようなものです。ひとつの遺伝子から多くのアミノ酸が秩序正しく作られます。

レゴブロックを使ってなにか形あるものを作る過程を想像してみてください。アミノ酸は少しずつ色や形が異なるレゴブロックのようなものです。アミノ酸を組み合わせることでタンパクが作られます。タンパクの最大の特徴は〝正しい形〟を持っていることです。ひとつひとつの遺伝子の役割は、決まった種類のアミノ酸を決まった数、決まった順番で作って、ある形を持ったタンパクを作ることです。たとえば赤や緑や茶色のレゴブロック（アミノ酸）を作って、りんごの木（タンパク）を作るようなものです。その遺伝子はりんごの木を作るための設計図ということになりますね。

正しくタンパクを作れば、そこに機能が宿ります。次に、無数のタンパクが集まって、細胞ができあがります。それぞれの細胞は、これから作る臓器の働きに合わせて個性を持つようになります。心臓を作るとしたらドキドキと動きだしたり、脳だったら電気を起こしたりと。さまざまなりんごの木を作る遺伝子が協力してりんご畑（細胞）を作るようなイメージです。りんご畑の遺伝子がほかの遺伝子とも力を合わせて広大な果樹園（臓器）を作ります。

遺伝子に組み込まれた情報を読み解くことは、生命が形作られる過程を知るはじまりです。その後に起こるさまざまな人生ドラマのシナリオも、遺伝子が最初に決めているといっても過言ではありません。

子どもをスーパーエリートにしたい、ヨーロッパのクラブチームで活躍するプロサッカー選手にしたい、ノーベル賞をとってほしい、世界的なピアニストにしたい……。大きな希望を抱くことは胸躍りますが、そのような夢がかなう確率は、みなさんご存じのとおり、不可能ではないでしょうが、きわめて低いのです。

ノーベル化学賞を受賞するような優秀な科学者、トップランクの大学を首席で卒業するような秀才、世界で活躍するプロの運動選手、オリンピックで連続金メダルを獲得するアスリート。彼らの遺伝子は、一般のひとたちと比べてとびきり優秀なのでしょうか。脳や筋肉のタンパクの〝作り〟が根本的にわれわれとは違っているのでしょうか。これらのエリートたちは極上の遺伝子を持っていたのでしょうか。答えはすべてＮＯです。エリートとは言え、ひとはひと。遺伝子が決めたシナリオの余白、振れ幅の範囲に収まっているものです。

たとえばオリンピックで活躍したフィギュアスケートの羽生結弦《はにゅうゆづる》選手はどうでしょう。たぐい稀《まれ》な運動神経とリズム感やセンス、手足の長さなどは、遺伝子の恩恵とも言えますが、特別な遺伝子が組み込まれているわけではないのです。正常の範囲に収まるけれど少しだけ個性のある遺伝子の〝素敵な振れ幅〟に、シナリオの余白に、たまたま5歳でスケートを習い始め、たまたまコーチにも恵まれ、たまたまスケートを続けられる経済力のある家庭に育ち……というさまざまな環境の力が重なっての結果だと思うのです。

いっぽうで、不利な方向に正常の分布からはみ出すひとたちもいます。遺伝的な力によって大きく振れている場合、「ふつう」や「そこそこ」になるように無理やり矯正しようとしても、逆効果になるかもしれません。むしろ大事なことは、得意なことを一緒に見つけること、見つけようとする姿勢で子育てすることだと思います。

極上の遺伝子がないように、劣悪な遺伝子もない。通常の振れ幅に収まっていないからこそ、そこに天才的な才能が眠っているのかもしれません。

体重300グラムで生まれた赤ちゃんも、遺伝子に守られ、力強く生き抜きます。

最近は医療現場を舞台にしたテレビドラマが人気のようですね。ぼくもちょっと気になって見たことがあります。あざやかな手さばきの手術シーンもあれば、出産にまつわる心理をていねいにえがいた作品もありました。そのせいかＮＩＣＵ（新生児集中治療室）のことも、「テレビで見たことがある」というひともいると思います。

ちいさく生まれた赤ちゃん、仮死状態で生まれた赤ちゃん、生まれつき重い心臓病がある赤ちゃんなどが、懸命に命をつないでいます。心拍数や血圧、血液中の酸素量などを表示するモニターとアラームが鳴りやまない不夜城のようなＮＩＣＵ。この部屋で起こる遺伝子の力と環境の恵みの物語は、どんなドラマよりも神秘的かもしれません。

赤ちゃんがおかあさんのおなかですごすのは、28日周期をひと月と換算して10か月前後。最終月経から40週前後が平均的な予定日ですね。しかし、なんらかの理由で予定よりもずっと早く生まれてくる赤ちゃんがいて、ＮＩＣＵに運び込まれてきます。

体重が1000グラム以下の〝超〟が付く低出生体重児も含まれます。ちいさな、ちいさな、でも立派な〝ひと〟なのです。この超低出生体重児、または超未熟児と呼ばれる〝ひとびと〟のお話をさせてください。

さて、ひとの脳にはしわがあることはご存じですね。ひとが高い能力を手に入れるためには、しわの数とパターンが決められたとおりに作られることが必須です。そして実際、脳のしわは遺伝子が決めたシナリオに沿って、精密に作られていくのです。ひとつひとつのしわには名前が付いており、それぞれの働きもわかっています。顔の右側を動かす部分とか、見たものの動きを感じ取る部分とか、すべての脳機能は正確に〝しわの地図〟の上に配置されています。

妊娠期間が27週よりも短くなってくると、赤ちゃんは脳にしわがほとんどない状態で生まれてきます。まだつるつるの脳を持った赤ちゃんは、NICUの保育器のなかですごすことになります。酸素、人工呼吸器、特殊な栄養、抗生物質、血圧を上げる薬、ブドウ糖、カルシウム、必要なら手術も、ありとあらゆる物、事が赤ちゃんの命を守るために使われます。ひと月、ふた月と、NICUで治療を受けるなかで、ちいさな赤ちゃんの脳には、決められたとおりに正確にしわが刻まれていくのです。片手で紙を丸めて握りつぶしたときに偶然できる不規則な〝しわしわ〟とはまったく異なる、まるで細かく、細かくおられた折り紙のように。それは遺伝子によってあらかじめ決められた順番であらわれてきます。そして、赤ちゃんがご両親の待つお家に帰るころには、予定日どおりに生まれた赤ちゃんと同じ、つまりそれは、ぼくたち大人と同じパターンのしわが脳の表面に刻まれているのです。

脳の形や機能を作り上げていく遺伝子の力はとても強く、安定しています。だからこそ、本来であれば子宮の中ですごしているはずの期間に、NICUのような人工的な環境で育ったとしても、大事な部分はしっかりと育まれていくのです。それは、発展途上国に生まれ、十分な栄養も与えられずに育つ赤ちゃんでも同じこと。遺伝子の力によって、守るべきものは厳重に守られることになります。たとえ重い栄養失調に苦しんでいても、頭の大きさ、つまり脳の大きさが最後まで正常と変わらないことをご存じですか？　それは大事な脳は優先的に遺伝子によって守られているからなのです。どんなに不利な環境であっても、遺伝子は変わらずに子どもたちを守ろうとします。

現在、生存できた赤ちゃんの出生体重世界最少の記録は、260グラムの女の子。Mサイズのりんごが1玉250gなので、りんごひとつを手のひらに乗せた重さをイメージしてみてください。実は世界で2番目にちいさな赤ちゃんが生まれたのは、ぼくが働いている病院の産科でのこと。2006年秋、25週目に265グラムの体重で生まれた女の子は、現在は健やかに育っています。いまは高校生になりました。

おかあさんのおなかのなかでゆったりとすごしているはずが、いきなり外に出され、点滴をつながれ、痛い処置に耐え、それでも遺伝子の強い支えを借りて、決められたとおりに着々と育ってゆく。そんな奇跡のような物語をたびたび経験しました。300グラムにも満たない赤ちゃんがNICUでの治療を終え、家庭に帰って、その後も順調に育っているという事実は、ぼくたち小児科医にとって心のよりどころになっています。生まれてきたからには、すべての子どもたちにしあわせな人生をプレゼントしたい。子どもと人生を共に歩む家族みんなにしあわせになってほしい。小児科医にとって尊厳にもかかわると言えるそのような思いを忘れないためにも。

生まれてきてくれただけで、遺伝子は十分に仕事をしたのです。

妊娠しているとわかったとき、どんな気持ちになりましたか。待望のニュースに「うわあ、やったー」と声をあげて歓《よろこ》んだのか、感極まって涙ぐんでしまったのか、それとも仕事のことが脳裏に浮かんでしまい「ちょっと待って。どうしよう」とためらいとうれしさが、ないまぜになってしまったのか。

その後も、つわりがきつかったり、ホルモンの変化で感情がゆさぶられたり、足がつったり、腰痛、貧血などのトラブルにみまわれたり。赤ちゃんがいるおなかをそっとなでながらも、大変な思いでおよそ40週間をすごすことになります。

おなかの赤ちゃんが蹴った、もそもそと動いた。そんなささやかなことがいちいちうれしかったり、妊婦健診で撮ったエコー画像に一喜一憂したり。産着やベビーベッドを準備しながら、出産の日を心待ちにしたことでしょう。そうして、いよいよ陣痛が起こり、産院へ向かうことになります。

赤ちゃんが生まれてきたときのことを、憶えていますか？　歓びとか感動とか安堵《あんど》とか、いっぺんに感情があふれてきて、胸がいっぱいになったことでしょう。しかしいっぽうで、流産になったり、生まれつきの障害や病気があることを知らされたり、予定日より数か月も早く出産してしまったり、妊娠や出産は必ずしも歓びに包まれるイベントとはかぎらないのです。しあわせの絶頂を味わうはずが、まるで落とし穴におちたような現実に、途方に暮れてしまうかもしれません。

残念なことに子宮に着床しても胎児が育たない場合には、もともと染色体や遺伝子に大きな問題があることが多いです。ここは強調しておきたいのですが、決して母体の、おかあさんのせいではないのです。遺伝子に問題があっただけ。遺伝子の力およばず、です。遺伝子のシナリオ、という観点からすると、たとえ重篤《じゅうとく》な障害を持って生まれてきたとしても、生まれてきただけで「ゴールイン！」です。早産・超出生低体重児で生まれてきたとしても、生まれつきの重い病気があったとしても、出産にたどりつけただけで遺伝子の仕事としては第1関門通過、ある意味「想定内」なのです。

妊娠40週よりも早く、ちいさな赤ちゃんが生まれてくると「ちいさく産んでしまった」となげくおかあさんもいますが、自分を責めることはありません。妊娠がわかる前にお酒を飲んでしまった。鎮痛剤を飲んでいた。葉酸が足りなかったのかも。仕事が忙しくてストレスフルだったとか。そんなひとつひとつを思い出して自分を責めつづけ、後悔しても状況は変わらないのです。

早産や流産の原因はさまざまです。ただ、おかあさんの不注意でそのようなことになったわけではないのです。あなたのおなかのなかで育つ命は、堅牢でしなやかな遺伝子で守られています。現在の日本でごくあたりまえの暮らしをしているかぎり、大きなダメージを受ける心配はないはずです。

遺伝子のたのもしさを感じるのは、やはり赤ちゃんをこの手で抱いたときかもしれません。予定日どおりに健やかな赤ちゃんが生まれてきたのであれば遺伝子に感謝しましょう。生まれつきの病気や障害があったとしても、予定よりも早く、標準よりもちいさく生まれてきた新しい命も、生まれてきてくれただけで「合格」なのです。

どうか「生まれてきてくれてよかった、おめでとう！」という気持ちをいつも忘れずにいてください。

第2章

悩める子育て、いったいどうすればいい？

子どもの人生をよりよくするには、持って生まれた才能や個性をそのまま花開かせてあげればいいだけ。情報に振り回されるのは無意味です。

いちばんの胎教は、おなかの子どもに話しかけること。

「モーツァルトのピアノ曲を聴くとおなかの子が賢くなる」

「バッハのケッフェル○番を聴かせると穏やかな性格に育つ」

まことしやかに囁《ささや》かれますが、小児神経専門のぼくにとっては、はっきりとした根拠が感じられないのです。たしかにおなかの赤ちゃんにもなんらかの音は聴こえているのでしょう。

しかし、こんなことを聞けばがっかりされるかもしれませんが、胎児にとってはモーツァルトの旋律も工事現場からもれてくる騒音も、実は同じようなものなんです。

もちろん、クラシック音楽が好きでモーツァルトを愛聴しているひとは、胎教なんていう言葉に惑わされずに、存分に聴いて楽しまれたらいいと思います。「わあ、いい音楽だな。心がほっとするな」と思えるなら、それはおなかの赤ちゃんにも伝わるかもしれません。クラシック音楽に造詣がなければ、Jポップだってロックだってジャズだって、なんだっていいと思います。

音楽を聴くことだけが胎教とはかぎりません。チョコレートタイムが心を落ち着かせ、やさしい気持ちになれるとしたら、クラシック音楽に負けない立派な胎教と言えませんか。

「おいしいね。あなたも好きになると思うよ。一緒に食べようね」と、おなかの赤ちゃんにやさしく語りかける。

おとうさんも負けじと「今日はとってもいい天気。気持ちいいよ。こんな日は一緒にサッカーしようね。楽しみに待ってるよ」と話しかける。これも立派な胎教ですね。

だんだんおなかが大きくなり臨月が近づいたら「もうすぐ会えるね」とおなかをやさしくなでる。そんなコミュニケーションは最高の胎教になるはずです。

妊娠中におなかの赤ちゃんを愛おしく思う、独り言のようにおなかの赤ちゃんとお話しする。そんなことで、母と子の出会いに向けた準備体操、つまり予習が始まっていきます。赤ちゃんという存在自体をやさしく、しっかりと受け入れてあげることがたいせつです。後半でくわしくお話ししますが、最悪の虐待は「子どもへの無関心」です。おなかの赤ちゃんにたくさん話しかけてあげましょう。

妊娠中はしあわせホルモンが多量に分泌される千載一遇のチャンスでもあります。そんなときにおせっかいなママ友やインターネット上の情報に振り回されるのは、たいへん残念なことです。なかには参考になる情報もあるでしょうが、「○○をしないとあとで後悔するわよ」などと言われ、不安をあおられて気持ちがモヤモヤするぐらいなら、知らないほうがいいでしょう。

妊娠中に摂るべき栄養の情報も、過度でかたよったものが多いと感じます。不安をあおるような情報にはできれば接してほしくないですね。ある栄養が足りないために子どもがアトピーや食物アレルギーになるとか、成長や発達が遅れるなどということは現代の日本では、よほどのことがないかぎりまずありえません。

たとえば青魚に豊富に含まれるDHAがアトピーや小児喘息《ぜんそく》、食物アレルギーの症状をやわらげるという報告もありますが、必要以上に多く摂ったところで有害無益です。

ビタミンDやプロバイオティクス（乳酸菌などのからだにいい微生物）も含めて、やみくもに多く摂っても今以上に健康になるわけではありません。むしろ、過剰に摂りすぎることによってかえって健康を害することがあるということも頭に置いておいてください。

妊娠中の食生活はたいせつですが、そこにばかり気をとられて神経質になるよりは、おいしいと感じるものを食べて穏やかにしあわせな気持ちですごしているほうがぼくはずっといいと思います。

なにをあせっているのか、誰と競いたいのか。見えざる敵に立ちむかっても、あせりとむなしさしか感じません。おなかに赤ちゃんを宿しているときは、しあわせの絶頂のはずなのにすごくもったいないと思いますね。

母乳が出なければミルクでOK。おかあさんがラクな方法を選びましょう。

「母乳が出なくて……」と憔悴《しょうすい》しきった顔で相談されることがあります。ぼくは「母乳が出ないなら、ミルクでいいんじゃないですか」とあっさり返してしまうのですが、赤ちゃんを産んだばかりのおかあさんは真剣に悩んでしまいがちです。突然、かぶりを振って泣きだしたり、この世の終わりのような表情でため息をつかれたり――。「タカハシ先生はちっともわかってくれない！」と、心のなかでなじられていたのかもしれません。

ちまたではナチュラル育児が流行っていて「母乳神話」や「完全母乳主義」があるそうです。母乳で育てると知能が高くなる。母乳で育てた子は穏やかに育つ。母乳で育てれば発達障がいにはならない。母乳で育った子にアトピーは少ないなどなど。乳房ケアに訪れたマッサージ院で母乳の素晴らしさを説かれ、「なにがなんでも母乳で育てなきゃ！」と自分を追いつめてしまったおかあさんもいました。

母乳が数滴しか出ていないのに、なにがなんでも子どもにミルクをあたえるまいとがんばってしまうなんて、愛情の深さの表れとは思いますが、本末転倒です。母乳の素晴らしさはもちろん知っていただきたいのですが、しかし、出ないものはしょうがないのでは、とぼくは思います。母乳が出ないから「母親失格」なんて、どうか思わないでください。イライラしながら母乳を必死に搾りだして授乳するより、にこにこと笑顔でミルクを飲ませてもらったほうが赤ちゃんにとってもどんなにいいか。母乳かミルクかにこだわるより、おかあさんの気持ちの穏やかさをたいせつにしてはいかがでしょうか。

同じようにおかあさんを悩ませかねないことに、オムツ問題があります。紙オムツか布オムツか。「どちらでもいいんじゃないですか」と、小児科医のぼくが言ったら叱られるでしょうか。どちらかに優劣をつけるためのデータもありません。

ここでも注意していただきたいのは、他人の意見やネット情報を鵜呑《うの》みにしないことです。自分で考えてどちらかを選べばいいのです。雨が続く季節に、布オムツが乾かなくてうんざり、ゆるゆるのうんちがはみ出て大騒動など。そんなときはさっさと紙オムツに切り換えればいいのです。

母乳問題のほとぼりが覚めたころにやってくるのが、離乳食にまつわる悩み。厳格な性格の優等生タイプのおかあさんほど、離乳食も手作りしなきゃ、添加物は絶対に食べさせたくない。野菜は無農薬で卵にもこだわって、となりがちです。

3時間ごとの授乳からようやく解放されてほっとできるころなのに、離乳食作りに時間をとられすぎてほかのことまで手も気もまわらなくなる。しかも、こんなにも手をかけて作ってあげているのに、子どもは「べえ〜」と舌で押し返して吐きだす。そんなことがくり返されると、おかあさんのイライラ、モヤモヤはどこまでもふくらんでいくことでしょう。

「便利な瓶詰の市販品もあるし、小分けして冷凍してもいいのに」とアドバイスしても、なかなか耳を傾けていただけないのです。

子どもに安全なものを食べさせたい、できれば手作りで、というおかあさんのやさしい気持ちはよく理解しています。料理が得意で手際よく大人の食事を作る合間に離乳食が用意できることが理想なのでしょう。

しかし、なかなかそうもいきませんよね。「わたしは離乳食も手作りできない」「わたしが作ったものは食べてくれない」と思いつめるぐらいなら、市販品を試したり、リメイクしたりするといいと思うのです。

くり返しお伝えしたいのは、母乳が出なくても、布オムツじゃなくても、市販品の離乳食を食べさせても、母親失格なんていう烙印《らくいん》は誰もおさないということ。楽しみながら自然にそれができるひとは素晴らしい。でも、できないひとまで無理してまねしなくてもいいのです。

赤ちゃんとすごすかけがえのないしあわせな時間。情報に振り回されて、思い悩むのは残念だと思いませんか？

「理想の母」を追い求めないで。子どもが好きなのは、いまのおかあさん。

わたし、もっといいおかあさんになりたいんです。おおらかで温かくて、料理も上手で洋服も手作りして、お家はいつもそうじが行き届いてぴかぴかでセンスも良くて。子どもたちの宿題もきちんとみてあげて、どんなときも子どもの味方で「ママ、ママ、聞いて聞いてよ」と、子どもがなんでも話してくれる。おまけに身ぎれいにして子どもたちの自慢の母で……。

えっ？　そんなおかあさんどこにいるの？　と聞きたくなりますが、おかあさんたちは頭の中にある理想の母親像と、自分を比べてため息をついているのです。それは理想と言うよりも、妄想に近いかもしれないですね。

最近、耳にする「ママギャップ」という言葉は、母が子どものころの自分にしてくれたことと、自分が今、子どもにしてあげられることのギャップに悩んでいる状態をさすのだそうです。

かつて自分がおかあさんにしてもらったことを子どもたちにもしてあげたい。そういう温かな気持ちも、遺伝子が母親に授けた貴重な能力かもしれませんね。母性本能というものでしょうか。ただ、おかあさまの時代から30～40年後の今では、社会情勢や経済的な事情も変わりました。かつては専業主婦が主流だったところ、今はフルタイムで働きながら子育てをしている女性が増えてきました。

「平日の晩ごはんはいつもデパ地下の惣菜がたより」
「保育園のお迎えレースは決まってアンカー」
「手作りのおやつを作ろうにも、卵の買いおきがなくあきらめる」
「うちの子だけ、アップリケなしの園服」
「初めて立ったのも、初歩きも、連絡ノートで知る……」

こうやって書きだすと、ママギャップを自覚してせつなくなる気持ちもわかります。それでも、母親失格とか育児脱落だなんて、どうか自分を追い込まないでください。

少し前になりますが、絵本作家の、のぶみさんが作詞した「あたしおかあさんだから」という歌詞が、現役のおかあさんたちから反感をかい、ウェブ上で炎上してしまいました。なるほど、歌詞を読むと、おかあさんが自分を犠牲にしている姿が過度に美化されていて、反発したくなる気持ちも理解できます。この歌詞をめぐる議論は意味があったと思います。専業主婦と働く母、男性から見た母親観と現実の母親像の違いなど、それぞれの立場で意見を交わせるいい機会だったのではないでしょうか。

子どもがおかあさんにかまってほしくて「おなかが痛い」と訴えたり、「足が痛い、歩けない!」と泣きだしたりすることがあります。診察してみても、どこも悪いところがない。「おかあさん、こっち見て」という子どもからのサインのことがあります。これを「アテンション・シーキング・デバイス(注意喚起行動)」と呼びます。

そんなやり取りのなかで、母親が「ひきょうな子ね、うそつき!」「病院まできたのに。わたしに恥をかかせて」と叱ることがなければいいのですが……。大人顔負けの口が達者な子どもであっても、自分のほんとうの気持ちをうまく言葉にして表現することは難しいものです。だからおかあさんの注意を惹《ひ》きたくてこのような行動をとることがあります。わざとでも、うそつきでもありません。

「そうだったの。つらい思いをさせてごめんね」と感じるだけで、子どもには十分に愛情が伝わります。子どもへの〝ごめんね〟の気持ちは、そのまま愛情の深さ。子どもに関心が持てない親は、そんなふうに心を痛めたりはしませんよ。

「ママギャップ」なんて言葉をひとり歩きさせないで、あなたはあなた。おかあさまはおかあさま。そこにいるだけで、子どもにとってはたいせつなひと。そして「ごめんね」と思える気持ちがあればなにも思い煩うことはありません。大丈夫、子どもはそのままのおかあさんのことが、大好きなのですから。

孤独な育児に疲れてきたら、SOSを発してください。

赤ちゃんが生まれて母乳が出るようになると、自然と母性もあふれてくるもの。そんなふうに決めつけていませんか。おっぱいは母のシンボリックな存在なので、そんなふうに考えがちですね。でも、母乳がたっぷり出ようが出まいが、母性はそこにあるものなのです。

女性が妊娠して出産するまでには、女性ホルモンのレベルが大きく変動します。そのほかにも大きな変化を経験します。その結果、精神的なバランスをくずしてしまい、産後うつになってしまう女性も少なくありません。うつ状態と診断はされなくても、食欲がなくなったり、眠れなくなったり、これまで楽しみにしていた趣味にまったく興味が持てなくなったり。出かけたくない、家族以外のひとに会いたくない。夫の帰りは遅いし、実家も遠すぎる。マンションの狭い部屋で、まだろくに会話もできない子どもとふたりきり。そんな孤独な状況がつづいたとしたら……。

イクメンという言葉も受け入れられつつあるようですが、子育ての主役はまだまだおかあさんです。孤立した環境が続くと、行き詰まることもあるかもしれません。

子どもがなかなか泣き止まない、食事をこぼす、うんちをもらす。そんなささいなことで、イラッとして手をあげてしまうことだってあるかもしれません。自己嫌悪にさいなまれたとき、どうすればいいのでしょう。

危ないことをしそうになったときに軽くおしりをぺちんとする、人前で「ダメよ！」と目を吊り上げて声を荒らげてしまう。誰にでも経験のあることではないですか？　程度問題ではありますが、暴力や虐待とは本質的に異なるものではないかと感じます。自分自身を厳しく責めたり、落ち込まないことです。

まずは肩の力を抜いてみましょう。自分が子どものころ、どんなふうに育てられていたか、思いだしてみてください。なにかヒントが見つかるかもしれません。

それでも「このままでは孤立しそう」と感じているなら、思いきって社会に助けを求めてはどうでしょうか。小児科医に相談してみるのもおすすめです。乳児健診や予防接種、病気でなくても、「育児に不安がある」「子育て相談をしたい」と切り出してみてはいかがですか。ぼくたち小児科医は子どもの総合医でありファミリードクター。子どもたちが健やかに育つには、おかあさんとおとうさんの心とからだが健康であることがとても大事です。それを手助けしていくのも、小児科医の使命なのです。

たまたま行った小児科の先生と相性が悪かったり、親身になって話を聴いてもらえなかったり……。残念なことですが、そういうこともあるかもしれません。かつてのぼくもそうでした。申し訳ないことにおかあさんたちの話に耳を傾ける余裕がなく、心に寄り添うだけの経験もありませんでした。

「この小児科医じゃないな」と思ったら、遠慮しないでほかをあたってみましょう。これから子どもを育てるというときに、心を許せる気の合う小児科医に出会うことは、とてもたいせつなことだと思います。

育児に悩むおかあさんに出会うことは、小児科医にとってもたいせつなことです。お母さんから逆に教えられることがたくさんあるからです。小児科医が、医師として経験をつみ、広い視野を身につけるためには、おかあさん、おとうさんの存在が不可欠なのです。

ところでぼくたちの病院の小児科では、女性医師と男性医師の割合が均等になっています。男性医師が女性医師から学ぶことも多いのです。

たとえば、おかあさんへの話しかけ方、ちいさな子どものあやし方や接し方など、最初は女性医師のほうが上手です。心を寄り添わせ、話を聴くのも、女性にはかなわないところ。だから、ぼくは小児科にかぎらず「医療には母性が必要」だと思います。

話を戻しましょう。育児がちょっとつらくなってきた。ちょっとだけ気分転換したい、つかの間の休息がほしいというときは、遠慮しないで地域の子ども育成課などに相談してみてください。一時保育を紹介してもらうこともできます。

数は少ないでしょうが、子どもをどうしても愛せない、愛し方がわからない、というひともいます。そこで思い煩うひとはまだ大丈夫。無意識のうちに子どもに無関心になってしまうことがいちばんおそろしいことです。無関心状態が長くつづくと、子どもの心にも脳にも傷をつけてしまうことがあります。ネグレクト（育児放棄）という言葉をきいたことはありますね。幼い子どもを放置して、ろくに食事もあたえず必要最小限の衛生環境も整えられなかったり。

育児放棄のなかでも、ぼくたち小児科医が決して見逃してはならないのが、「メディカル・ネグレクト」です。たとえば、子どもが何日も高熱を出していても、医療機関に連れて行かない場合などです。メディカル・ネグレクトは、子どもへの関心が欠如していることの重大サインであることが多いのです。

不衛生な着衣、やせ、表情の乏しさなどの〝違和感〟を、子ども自身が発しているSOSとして小児科医は感じ取るのです。空欄だらけで書きこみがない母子手帳も子どもからのSOSのことがあります。ぼくたちがなによりも心配なのは、おかあさんが子どもへの関心をなくすこと。一時的なことならまだしも、長期にわたる無関心だけはほんとうにおそろしいことです。

どうかひとりで悩みを抱えないでください。「虐待かもしれない」と自ら省みられるあなたは、きっとだいじょうぶ。素敵なおかあさんになれます。母親ひとりきりで育てていけるような子どもはいません。困ったとき、どうしようもないときは、SOSを出して助けてもらいましょう。誰もあなたを責めたりしませんから。

保育園に預けて、働くおかあさん。短くても濃い時間があればだいじょうぶです。

働くおかあさん、ワーキングマザー（ワーママ）は今どんどん増えていて、小さい子どもがいる世代（25～44歳）のおよそ7割でおかあさんが仕事をしているというデータがあります。

妊娠中から保育園をリサーチして、生まれたらすぐに申し込んでおくことを「就活」になぞらえて「保活」と呼ぶそうですが、ワーキングマザーの増加に保育園の供給が追いついていないということなのでしょう。

出産・育児休暇が明けてすぐのころ。保育園デビューしたばかりの子どもは、しょっちゅう感染症をもらってきます。のどのカゼにはじまり、胃腸炎、RSウィルス、溶連菌、水ぼうそう……。そのたびに欠勤しては同僚や上司に頭を下げ、気を遣い、仕事もたてこんでくる。「なんのために、わたし働いているの？」「こんなはずじゃなかった」と泣きたくなる夜もあるかもしれません。

でも、これもだいじょうぶ。集団生活に入ったばかりのころは、感染症への免疫がなくて順番に病気をもらいますが、それも一巡すれば落ち着きます。

ワーママは、いつも心のなかで子どもに「ごめんね」とあやまっているそうです。一緒に過ごす時間が短くてさみしい思いをさせているのではないか、と。きちんと向き合えていないのではないか、と。

すでにお話ししましたように子どもを育てていくなかで、絶対にしてはいけないのが「無視」。子どもに「無関心」でいることです。お休みの日もたまった家事に追われて遊びに連れていってやることもできない。それでも、「すまないな」「ごめんね」と子どもを思いやる気持ちがあればだいじょうぶ。「無関心」な親は、子どものことで悩んだり反省したりしませんから。親が子どもに健全な関心を向けさえすれば、めったなことでは脳も傷ついたりはしません。子どもはそんなにやわではないのですよ。いっぽうで、無関心さの結果、無頓着の表れとしての無視や暴言は、子どもの心に深く突き刺さり、長い間に少しずつ、でも確実に脳を傷つけていくものです。

さて、あなたが初めてパリへ旅したとします。初めてのシャンパン、最初の朝のクロワッサンとカフェ・オ・レ、初めてのマルシェ、初めてのセーヌ川、初めてのエッフェル塔、初めてのベルサイユ宮殿、初めてのルーブル美術館……。

人生初、初めてというのは、何ごとも感動が大きいでしょう。子育ても同じです。ずっと一緒にすごしていると、どんなにかわいいわが子でもマンネリ化しがち。ママが仕事で忙しくしていると、一緒にすごせる時間が短いからこそ、時間の密度が濃くなると思いませんか。

どんなに短い時間でも「やっと会えたね、一緒だね」という気持ちですごせればいいのです。夜、おふろのなかででも、ベッドに入ってから寝るまでのほんの数分でもいいのです。今日1日あったことを聞いてあげてもいいし、好きな絵本を読み聞かせたっていい。朝のほんのひとときだって、子どもはちゃんとママの愛情を感じ取ってくれます。ハグしたり、抱っこするだけでも十分です。時間の長短ではなく、どうすごすかだと思います。

一緒にすごしている時間だけが貴重なわけではありません。子どものことで悩んでいるとしたら、それだけで愛情の証しなのです。そしてお子さんと〝濃い時間〟を共有できることを願っています。

「早くしなさい」と言いすぎない。子どもから考える力を奪います。

ちいさな子どもは好奇心のかたまりです。着がえの途中でもおもちゃが目に入ったら走っていって遊びはじめます。窓の外で音がしたらそっちに気をとられて動きが止まります。

大人と子どもでは時間感覚がまったく異なって当然です。お出かけ前だったりすると、おかあさんのイライラは最高潮に達して「も〜っ、早くしなさい！」と声を荒らげてしまいがちです。でも、子どもにしてみれば、なぜ叱られるのか、なぜママは怒っているのか、理解できないと思うのです。

子どもは母親から「お出かけするから、着がえてね」と言われたかもしれませんが、何時までに身支度して、何時何分に家を出て、駅まで歩いて電車に乗って……という段取りは知らされていないでしょうから。たとえ知らされていたとしても、子どもは大人の決めた時間どおりには支度もできませんし、そのつもりもありません。ですから、あらかじめ時間配分を考えて、スケジュールに余白をつくるような工夫が必要なのです。
そもそも、おかあさんが「早くしなさい」と子どもを急《せ》き立てるシーンは、実はおかあさん自身の段取り不足の結果なのです。耳が痛いでしょうか。

「早くしなさい」が口ぐせのお母さんは、きっとせっかちな性格。実は「せっかち」か「のんびり」かという個性も遺伝子である程度決まるものなのです。子どもが成長すると、せっかちなおかあさんそっくりになるかもしれません。それは「早くしなさい」と言われて育ったせいばかりとは言えないのです。

とはいえ、せっかちはあながち悪いことではありません。機動力があって、スピード感に富み、問題解決能力も高いひとなのですから。

ただし、せっかちな子育ては別問題です。あまりにもこと細かに指示を出し続けると、子どもは自分でものを考える余裕がなくなるからです。

「宿題まだやっていないの？　早くしなさい」「また散らかして。早く片づけなさい」。「早く！　早く○○しなさい」を言い続けていれば、やがて子どもは、おかあさんがうるさいから、反射的に「さっさと片づけちゃおう」ということにもなりかねない。それでいいですか？　聞き分けがよくて、着がえにも時間がかからない。おりこうさんな子どもにも見えますが、誰かが声をかけないと動けないようでは将来、困ることも出てくるでしょう。

現代社会では「時短」が美徳と考えられがちですが、子どもの気まぐれな行動につきあう時間は、とても豊かで濃いものだと思いませんか？

いつもせかせかしてしまうのが自分でもイヤなら、たまには「もっとゆっくりやってみようか」とわざと時間をかけるのも、子どもにとってはちょっとした驚きで、楽しいひとときを演出することになるかもしれませんよ。

ゆっくりスローモーションで着がえてみるとか、いつもより時間をかけてごはんをゆったり食べるとか。子どもに安心感をあたえたいと思うのなら、試しにまばたきをゆっくりしてみるとか。

まばたきが多いと相手に威圧感や不安感を抱かせるものです。意識的にゆっくりと瞼《まぶた》を閉じて、ゆっくりと開ける。鏡の前で試してみてください。

人よりちょっと早くできるようになるだけ。早期教育はほとんど意味がありません。

まだオムツをつけてよちよち歩いているうちから、月曜日は幼児教室、水曜日はリトミック、土曜日はベビースイミングと、早期教育にずいぶん熱心なおかあさんがいます。もう少しお家でのんびりすごしたり、公園でゆっくりと子どもの遊びにつきあう時間をつくればいいのに……と思いますが。

子どもに十分な時間とお金をかけて「失敗のない子育て」をすることこそが、なによりたいせつと考えているのでしょうか。「あとで後悔したくない症候群」ですね。でも、彼女たちはご存じでしょうか、早期教育にはほとんど意味がないことを。

第1章でお伝えしたように、子どもの能力や才能、そして性格までもが、環境要因よりも、むしろ遺伝子の力で大きく左右されるのです。

子どもが育つ環境のなかでも、教育環境がとても重要であることはたしかです。だからといって、半年でも3か月でも先へ先へ、ごく早期から質の高い教育を施すことが、子どものその後の人生を左右するという考えは、基本的には間違っているように思われます。

理数系が得意か、文科系が得意か、これは教育効果よりも生まれつき決められている部分のほうが大きいのです。運動能力、音楽や美術のセンスなども、とくにプロを目指すぐらいのレベルであれば、持って生まれた資質によって大きく左右されます。

教育熱心なおかあさんを批判しているわけではありません。子どもへの愛情が「将来、苦労させたくない」「豊かな生活をさせてあげたい」という思いとなり、その結果、早期教育を始めたのでしょうから。

親として子どもにやらせてみたいことがあるなら、どんどんやらせてみたらいいと思います。ただし、みんなよりも早くできるようにはなっても、それ以上でもそれ以下でもないのです。

たとえば、1歳から水泳を始めても、両親が平均的な運動能力の持ち主だとしたら、子どもがオリンピック選手になれるかというと、その可能性はそれほど高くはないでしょう。

それは勉強も同じこと。幼稚園のころから算数をやらせたからといって、数学者になれるかというと、そうはいきません。小学校に入学した当初に、計算問題を解くのがほかの子どもたちよりも少し得意、といった程度でしょうか。

ひらがなやカタカナも同じ。幼稚園の年中のころに、ひらがなとカタカナの読み書きをマスターしたとしても、そのときは同級生をリードしたところで、その〝貯金〟は、小学1年生の1学期か2学期あたりにはあっさりなくなってしまいます。英語塾に通ってアルファベットが書けるようになっても、数を英語で数えられても、ちかい将来、外国人と英語でコミュニケーションがとれるようになるとはかぎらないのです。

先取りの早期教育に時間をかけるぐらいなら、子どもには机上では味わえない体験をたくさんしてほしいと思いませんか。砂浜を歩いたら沢蟹がひっくり返っていたとか、野山を歩いたらおかあさんも知らない草花があって家に帰って一緒に図鑑で調べたとか。

画面上を指をスクロールするだけで、世界中のあらゆることが〝体験〟できる時代です。だからこそ、リアルな体験、つまり実体験がたいせつになってきます。視て、聞いて、ふれて、なめて、においをかいで。積み重ねた実体験こそが、子どもたちの財産です。その過程を促すことが教育の基本なのです。

お受験で気をつけてほしいこと。面接する側は、正直さや個性を見ています。

濃紺のスーツのママと、お行儀のいい坊やにお嬢ちゃん。

有名小学校を目指す親子は、晩秋の受験日に合わせて行動観察や面接のおけいこのために、幼児教室に通います。東京都心ではおけいこに通うお受験親子の姿をよく見かけます。

ほほ笑ましいな、と思う反面、ちょっと気になることもあります。

少子化で子どもの数は減っているのに、有名私立を中心としたお受験熱は熾烈《しれつ》になっていること。小学校受験や幼稚園受験で合否を分けるのが面接。だから幼児教室に通って面接の練習をするそうです。また、「そうじができる」というのもポイントらしく、ぞうきんの正しい絞り方を練習することもあるとか。

小学校受験の面接での定番は「好きな食べものはなんですか？」「その理由を教えてください」という質問です。

まずは模範解答を用意して、それを子どもに教え込む。それでお教室の先生が面接官役になって、自然に答えられるまで練習を重ねるのだそうです。

「好きな食べものはおかあさんの作る肉じゃがです。じゃがいもがほくほくしておいしいから、好きです」

「好きな食べものはオムレツです。おかあさんの手作りだから大好きです」

「好きな食べものはちらしずしです。いろどりもきれいでおいしい。おばあちゃまの手作りだから好きです」

模範的なセリフをいくつか、書きだしてみました。キーワードは「手の込んだ家庭料理」。おかあさんやおばあちゃんが料理上手で、温かな家庭であることを匂わせることがポイントらしいのです。

でも、こんな模範的なセリフをくり返し教え込んでトレーニングすることで、子どもの成長に少しでもいい効果があると思いますか？　おかあさん手作りの和食が好きだというのがほんとうの話であれば、それはいいのですが。ファストフードのハンバーガーとフライドポテトが大好物なのに、模範解答をするように念押しするのは、あまりよろしくないなと思います。

たとえ難関校のお受験を突破するための手段とはいえ、思ってもいないこと、架空のストーリーを答えさせるのは……。いつもは「ウソはダメ」という大人たちが、場面によっては「ウソをつけ」と強いているようなものです。場面によって正しいことが変わってしまうのは、感受性豊かな若い脳の発達にとってもいいこととは思えませんから。


もしぼくが面接官だったら、ほんとうのことを子どもの感じたままに表現してもらいたいと思います。

たとえば、こんなふうに。

「わたしが好きな食べものは、チーズバーガーです。日曜日の朝に家族みんなで近くのハンバーガー屋さんに食べに行きます。おかあさんも朝ごはんを作らなくてすむから、にこにこしています。みんなが笑顔になれるから大好きです」

小児科医がファストフードをすすめたら、苦情がくるかもしれませんね。たしかにファストフードばかりを食べつづけるのは栄養のバランスを考えてもよくないと思います。

でも、時々であれば、家族が笑い合えたほうが子どもだってしあわせな気持ちになれるんじゃないかな。心の栄養もたいせつです。

面接する先生たちだって、大人が周到に用意した内容には興味はないでしょう。いかに子どもらしく正直に答えられるかを見ていると思います。

そんな受験テクニックをまだ未就学のうちから身につけて合格を目指すよりも、「この子はぜひうちの学校に来てもらいたい」と思わせるような、ひとを惹きつける個性や魅力を一緒に探してあげてほしいな、とぼくは思っています。

小学一年生は、家庭からの脱皮。先生を尊敬し、信頼して任せてください。

いよいよ子どもが小学校へ入学。多くは幼稚園か保育園から。おかあさんも「うちの子、ちゃんとやっていけるかな」「学校に行きたくないと泣かないかな」「お友だちはできるのかしら」「通学路も心配。ああ、どうしよう」と、不安がつのりがちです。

それが初めての子どもなら、なおさらのこと。ランドセルを買って、入学式のスーツやワンピースをそろえたものの、子どもよりもおかあさんのほうが緊張していたりもします。

幼稚園や保育園は家庭環境と似たところがあり、社会的には胎児期と言えます。お絵かきや工作、文字の読み書きをカリキュラムに入れているところもありますが、そこに評価はなく、競争、優劣もありません。家庭生活の延長のような時間をすごし、遊びのなかでからだ作りをしたり、友だちとケンカしたり仲直りしたりして人づきあいを学んでいくのが幼児期です。

小学校入学は子どもにとって社会人デビューに相当する大事件です。登校から下校まで、時間割に合わせてすごし、給食当番があったり、おそうじを習ったり。長い休憩時間には校庭で遊ぶなど、学校ごとにたくさんのルールがあります。登下校も子どもたちだけ。それを体験することで、社会の一員として行動すること、その中での自分の立ち位置がわかるようになるのです。生活リズムもがらりと変わります。

そこでぼくは小学校に入学すること、小学一年生になることを、「家庭という胎児期からの脱皮」と名づけました。家庭という〝母体の延長線上〟で育まれてきた幼児期に別れを告げ、学校という〝外の世界〟へ一歩を踏み出す瞬間、脱皮なのです。さなぎが蝶になるときに羽を傷つけないようにと祈るのと同じ。そっと見守ってあげるのが親の役目なのです。

授業中に立ち歩いてしまう。先生の話を静かに聞けない。友だちともケンカが絶えない。そんな子どもが数人いれば、授業どころではなくなってしまう。そんな状況は「小一プロブレム」と呼ばれています。子どもたちの育ち方、育て方に問題があったのでしょうか。ぼくはそんなことはない、と考えています。

そもそも小学一年生は脱皮の瞬間、とても不安定な時期なのです。未熟な子どもに、授業中はじっと座ってなさい、黒板に書いてあることを写しなさい、みんなと仲良くしなさい……。そんなことを言われても。できない子がいても当然でしょう。

45分間お行儀よく椅子に座っていられないことが劣っていることでしょうか。それを「できない子」「発達に問題がある」と決めてかかるのはいかがなものでしょうか。初速はゆっくりでも、途中でギアが入って人生で成功をおさめている人もたくさんいます。

社会的胎児から脱皮するたいせつな時期に、子どもたちをお世話し指導する担任の先生は、第二のおかあさん、おとうさんなのです。一年生担任の給料は最高ランクに引き上げていただきたいと思います。そして「このたいせつな時期を受け持たせてもらうのだ」、「もしかしたら、子どもたちの人生を左右することになるかもしれない」と、自覚と誇りを持って教壇に立ってほしいですね。「小一プロブレム」という言葉に惑わされずに、子どもの成長を願い、子どもに寄り添い、おかあさんと一緒に悩む。大きな度量と深い温情をそなえたかたが小学一年生の担任を務めることが大事です。

おかあさんにお願いしたいことがひとつあります。担任の先生を尊敬しましょう。方便などではなく心から。考えてもみてください、高い報酬を期待して小学校の先生になったひとはいないと思います。子どもが好きで、子どもと一緒にいたくて、子どもの成長を見守る喜びをおかあさん、おとうさんと分かち合いたいと思っているひとたちです。担任と仲良く力を合わせていくことが、脱皮を成功に導く秘訣《ひけつ》です。

この時期にとくにやってはいけないことは、できないことを探し、指摘することです。クラスメートや兄弟と比べて「まだできないの。○○ちゃんはできてるのに」とご自身のあせりや苛立《いらだ》ちを子どもにぶつけないことです。まだできないことを探して否定しないことです。

なにか気になることがあっても「今は脱皮しているんだな」「社会に出たてなんだ」と受け止めて、ゆったりと構えていましょう。また、ご自身の小学一年生のころのエピソードをおじいちゃん、おばあちゃんに聞いてみてはいかがですか。「給食の牛乳が飲めなくて毎日半泣きだった」とか「落ち着きがなくていつも席はいちばん前だった」など、「人生のシナリオに書き込まれた遺伝子からの申し送り」が思いがけず聞けて安心できるかもしれませんよ。

発達に不安があるなら、なおさら意識してほめましょう。

子育て中のお母さんが抱える子どもの発達にかかわる心配事、困り事は多いものです。乳幼児健診のときに、突然、発達の遅れを指摘されて驚くこともあるかもしれません。反対に「大丈夫でしょうか?」とこちらから相談しても「個人差があるから様子を見ましょう」とあいまいな答えしか得られず、かえって不安がつのることもあるかもしれません。

「うちの子、ちょっとヘンかも」と感じたおかあさんの多くは、インターネットなどで検索しては「もしかして発達の遅れかも」と不安がふくらんだり、「いや、きっとだいじょうぶ」と自分に言い聞かせようとしたり、かわいい盛りの子どもを前に、重い荷物を背負わされたようでほんとうにつらかっただろうと思います。

知能や運動の発達が遅れている可能性があるお子さんの場合には、幼稚園や保育園への入園をやんわりと断られることもあったかもしれません。そして、小学校へ入学するときも、就学相談などで指摘されたり、通常学級か支援学級か、あるいは通級にするか迷ったり。実は、小中学校の通常学級でも、発達に問題がある子が約7％いるそうです（2011年文科省調べ）。1クラス40人として2～3人。いや、実際にはもっと多いかもしれません。

さて近ごろ、発達障害をテーマにしたドラマや映画、特集記事をよく見かけるようになりました。具体的な症状についても、なんとなく知っているというかたが増えてきたと実感します。結果として、よけいに育児不安がつのる場合もあるかもしれません。

社会生活をおくるうえでの能力のかたよりが、年齢が上がるとともに明らかになってきた場合に発達障害と診断されることがあります。自閉症スペクトラム（ASD）のお子さんはコミュニケーションをとることが苦手で、興味に強いかたよりがあります。しかし、視覚情報の処理など、特定の領域で天才的な才能を発揮することがあります。注意欠如多動症（ADHD）のお子さんは、落ち着きがなく、忘れ物が多く、がまんが苦手です。

しかし、エジソンやレオナルド・ダヴィンチがそうであったように、並外れた〝ひらめき力〟を持っていることがあります。学習障害（LD）のお子さんは、知能は正常で努力家でもあるのに、算数、国語など特定の科目だけが極端に苦手です。しかし、前述したハーバード大学の女性教授のように、仲間に恵まれ、努力を重ねれば、障がいを克服できる場合がほとんどです。

発達障がいのばあいに、おかあさんが直面する乳幼児期の困りごとを少し書きだしてみましょう。

抱っこしていないと泣きつづける、なかなか寝付かない。ハイハイをしない、指差しをしない、呼びかけてもふりかえらない。そして、言葉をしゃべりはじめるのが遅い、なかなか言葉が増えない。歩くようになると、いっときもじっとしていない、お友だちと遊べない。気に入らないことがあるとこの世の終わりのように泣き叫ぶ。じゃんけんやゲームで負ければ地団駄を踏んで大騒ぎする。幼児期に健診などで診断されている子どもはさておき、グレーゾーンにいる子どもたちは、親にも叱られてばかりで、すっかり自信をなくしていることもめずらしくありません。

親として、そのような子どもたちとどうかかわったらいいのか。試行錯誤しながらの子育てはつらいもの。子どもの個性を理解できずに、結果として虐待につながりやすいことも指摘されています。

発達障害を持つ子どもたちへの配慮にとんだ接し方、ていねいな育て方には、一般的な子どもたちの子育てにも役立つことがたくさんあります。ほんのさわりだけ、ぼくの考えをお伝えしましょう。

もちろん事故や大けがにつながる危険なこと、公共の場などでひとに迷惑をかけることはきちんと叱る。そこでのコツは、その場で、短いセンテンスで的確に、です。5分後に「さっきのあの態度はなんなの!!」と叱っても、ピンときません。ましてや昨日や先週のことを持ちだしても意味がないのです。自閉症スペクトラムのお子さんであれば、あなたが怒っているということにも興味を示さないかもしれません。

くどくどと言わずに「ホームは走らないで」「ここでは黙るよ」などと、耳元で囁きましょう。

日常的に叱りつづけると、彼らは耳をふさぐか聞き流します。「叱る」のではなく、「教える」ことが基本です。いざというときにひとつ叱るためには、9回はほめておいてください。忍耐強くほめつづけることで、お子さんはひとの話に耳を傾けたいと思うようになります。これは共感力を養ううえでも大事なことです。

そんなことしたら、甘やかしていることにならないか。つけあがるだけじゃないか、と思われるかもしれませんが、そこはご心配なく。叱るときは「ほめ9」対「叱り1」の割合を憶えておきましょう。

「簡単に言うけど、うちの子に9個もほめるところなんかないです。そんなのがあったら苦労してないし」と、反発されるおかあさんもいるかもしれません。いいえ、ここがおかあさんの仕事です。どんな子どもも必ずいいところがあります。

絵が苦手でも「色づかいが上手」とか、漢字は憶えられないけれどていねいで読みやすい字を書くなど。ほんとになんだっていいのです。目が澄んでいてきれい、寝顔がかわいい、あいさつを忘れない、上手に箸が使える、洗濯物をたたむのが几帳面……。大人だって、ほめられたらうれしいじゃないですか？　コミュニケーションが苦手、という個性を持った子どもたちでも、いつもほめられていると、誰かと接するときに「ほめること」が関係を築くきっかけになることを学ぶのです。

おかあさんがほめ上手になると、子どもは自然と自信を持つようになり、そのことが、子どもの個性をより良い方向へと導いていくのです。

習い事は、長続きしなくてもいい。むしろいろいろなものに挑戦させるべき。

習い事が続かないことでの悩みをよく耳にします。

リトミックにはじまり、スイミング、サッカー、空手、書道、テニス、プログラミング、絵画……。本人がやりたがるから習いはじめるのですが、どれひとつものにならないどころか、半年以上続いたことがなくて。こらえ性がないのか、わがままなのか、飽きっぽいのか。こんなことでまともな大人になれるのか、ちゃんと就職してやっていけるのか、もう不安で、心配で……。

お友だちに誘われて始めたダンス。衣装もそろえたのに、発表会前の練習がきびしいとやめました。次はミニバスケットチーム。これもユニフォームをそろえたところで退会。もう、うんざり。

忍耐力がなくて困る。意志が弱い、根性がない。こんなことではなにをやっても、どこに行っても通用しないのでは。そうなげく前にその習い事はほんとうにお子さんがやりたかったことなのか、よく考えてみましょう。誰それちゃんが誘うからとか、小学校の水泳学習に有利だからとか、大人が誘導したのが習い事を始めるきっかけだったりはしませんか。

子どもは好奇心が強いので、なににでも興味を持つし、知らない世界を知ってみたいと思うものです。そして本来、飽きっぽいもの。試着室でいろんな洋服を着てみるように、いろんな習い事を試してみればいいのです。やってみてから自分に合うもの、好きなことを選べばいいのです。

スポーツだってなんだって、習いはじめがいちばん楽しくて、あとはつまらなく感じることもあるでしょう。それでいいのです。なにもちいさなうちから〝根性〟をつけさせなくても。あえて挫折感を味わわせるようなこともしなくていいのです。

みんながみんなプロを目指すわけでもないし、いろんなことを経験したことが、いずれなにかの機会に役立つかもしれない。たとえば、3か月だけお稽古した茶道でも、招かれたお茶席で一服いただくくらいの作法は教わったでしょう。サッカーだって半年続けられたら、大人になってフットサルを楽しむときには役立つのでは。

習い事に「根性論」はいりません。長続きさせることでがまん強さを養おうとするよりも、子どもの意思に寄り添ってあげること。「やめたい」と相談されたら、やみくもに「はじめた以上は、がんばりなさい」と強いるのではなく、理由を聞いて話し合う。そうして、自分の意思で決めさせることがたいせつです。

たとえばスイミングなら「50メートルを泳げたのだから、上のクラスには上がらなくてもいいかも」というふうに……。

もしかしたら、習い事をやめるといいだした子どもに腹を立てている理由は、「せっかくユニフォームとシューズを買ってあげたのに」とか「レッスン料を半年分も先払いしたのに、どうしてくれるのよ」といったお金の問題ではありませんか。

きびしく言えば、それはおかあさんの投資ミス。そこは子どもに八つ当たりしないで、おかあさん自身の〝授業料〟だったとあきらめましょう。

子どもの習い事で気をつけたいのは、自分ができなかったことや果たせなかった夢を子どもに託そうとすること。ピアノにせよバレエにせよ、あるいは英会話でも、かつて自分が挫折したことを、次は子どもに挑戦させようとするのはナンセンスです。

指の長さ、手足の長さ、音感などは、遺伝子であるていど決まってしまうもの。子どもに夢を託すぐらいなら、おかあさんがもう一度ピアノやバレエを習うほうがぼくはいいと思います。

子どものころにはうまくできなかったことが、大人になった今なら達成できることもあると思います。今からだって遅くはないですよ。ぜひ、チャレンジなさってください。

勉強しなさい、は逆効果。伸びるタイミングは自分でつかませる。

定期テストが目前になっても、スマホをいじったり、ゲームをしたり、映画を観たり。ときどきLINEをしては、にやにやしている。ちっとも勉強しない子どもにがっかりするやら、腹立たしいやら。中間、期末テストの時期になると、なかなか勉強しない子どもにおかあさんはため息をついていることでしょう。

おかあさんもおとうさんも勉強はきちんとしていたのに、この子だけどうして？　遺伝子の突然変異？　このまま勉強しないと高校受験なんてムリかも。こんな悩みを抱えたおかあさんたちは、ガミガミと叱り、ちくちくと嫌みをこめて「あなたのためを思って言ってるのよ」などと、子どものやる気をそいでしまってはいないでしょうか。

はっきりお伝えしましょう。親が「勉強しろ」と口やかましく言えば言うほど、逆効果になることがほとんどです。子どもは心のなかでこう思っています。「あぁ、もう、うるっさいな。今、やろうと思っていたのに」

ぼくのささやかな体験談ですが、母はただの一度も「勉強しなさい」とぼくと弟に言ったことがなかったのです。むしろ「勉強しすぎると脳腫瘍になる。おとうさまのように死んでしまう」と。実はぼくの父は脳腫瘍で33歳の若さで亡くなりました。母は、若いときになる脳腫瘍は遺伝する、と信じていたのです。遺伝学的には、あながち間違った考えではないのです。負の遺伝子の力ですね。

また、東大卒の父は相当な勉強家だったと思われます。地球物理学の知識を活かして人工降雨を実現するために気象庁に勤務していました。しかし、勉強したから脳の病気になった、とはなんという勘違いでしょう。親に対する反発でしょうか、ぼくも弟も母の忠告にはしたがいませんでした。ただ、ほんとうに脳腫瘍になったら……という一抹の不安もあったのです。

ため息をつきながら「勉強しなさい」と連呼しているそこのおかあさん、いったん「勉強しなさい」を封印してはいかがでしょう。子どもは「あれ、いつもと違う」と気づき、いよいよ見放されたかとあわてて、教科書や問題集を開いて勉強しはじめるかもしれません。

うちの子どもはそんなに甘くない、「勉強しなくていい」と言おうものなら、四六時中、ゲームをやっているか、漫画を読みふけっている。そういうお子さんは、勉強することそのものの意義と、その先にある夢がイメージできていないのではないでしょうか。若いときには無理もないことですね。でも、すぐに夢はえがけなくても、どんな仕事に憧れているのか、少しだけ先のことを話し合うくらいはできるのでは。

あるいは、勉強のやり方そのものがわかっていないのかもしれません。勉強において、成功体験が少ないのかもしれません。その場合は子どもの学力に合わせた問題集を選んで、くり返し取りくんでもらいましょう。ここでたいせつなのは、「こんなこともわからないの？」「授業中になにを聞いてきたの」などと、子どもを問いつめないことです。成功体験を得ることが目的なのですから。

どんな子どもにも伸びるタイミングがあるはずです。まずは、どこかに潜んでいるはずの成功のシナリオを信じて待つ。そして、子どもの可能性を誘いだすためには「自分で考えること」「自分で気づかせること」をたいせつにしてください。チャンスはお子さん自身に、お子さん自身のタイミングでつかませるしかありません。

さて、わが家の長男の話をしましょう。

学会の仕事で、かつての留学先であるボストンに出張する機会がありました。まったくの思いつきで、当時、高校二年生だった息子を、一緒に連れていくことにしたのです(高校は休ませました)。そこでの外国人医師との出会いがきっかけだったのでしょうか、帰国後、突然、「医師を目指す」と言い出しました。スイッチが入った瞬間だったのかもしれません。「浪人させる余裕はない」と条件を出しましたが、なんとか合格。その後に彼は名言を残しています。

「おれは勉強の仕方を知らなかった。もっと早く気づけばよかった」

なにかに打ち込んでみて、成果を上げてみて初めて、以前の自分に足りなかったものを見つけることは素晴らしいことだと思います。決して、遅すぎるということはありません。むしろ、後になって「ああ、そういうことだったのか!」と気づくほうが、感動は大きいのです。勉強の仕方すら知らず、教えられずに、高校二年生まで漫然と学校に通ってきたことへの反省が、その後の人生の大きな駆動力になっていると感じています。彼は今、医学部で学年1位になりました。

教育熱心なおかあさんは笑うかもしれませんが、ぼくは「学校の成績がいいか悪いか」は「おしっこが濃いか薄いか」くらいの差だと思っています。腎臓はからだの水分量、血液のアルカリ度（ｐｈ７・４で誤差は０・04以内）、イオンバランスなどを一定に維持し、体内環境を適正に保つために（体液の恒常性と呼びます）、尿を濃くしたり、薄くしたりしています。ほんとうに大事なことは、お子さんがなにを考え、なにを夢見て、なんのために勉強しているのか。つまり、心の環境が適正に保たれていること（心の恒常性）です。学業成績は単なる結果にすぎない。〝おしっこの濃さ〟くらいの意味しかありません。

成績の優劣で一喜一憂するのは、愚かなこと。おかあさんが子どもの能力の批評家になってはいけないのです。批評からはなにも生まれません。

自分から「勉強しようかな」と思わせるように、子どもが自分で考える〝余白〟を心の中に作ってあげるほうがうまくいくとぼくは思います。

英会話の勉強は誰のため？ 親の自分が始めてみてもいいんですよ。

グローバルな世の中を渡っていけるように、国際的な舞台でも活躍できるように。謳い文句はたくさんありますが、英会話を子どもに習わせたいのは、実は親が英語をしゃべれないからだったりしませんか。

英会話ができなくて海外で悔しい思いをしたり、職場で急に英語研修が義務づけられたり、英語には苦々しいコンプレックスを抱いているひとも少なくないかもしれません。

「自分たちが話せなくて苦労したから、子どもには英会話をマスターさせたい」

まだ日本語もおぼつかないうちから英語の歌詞のCDをそろえたり、ネイティブスピーカーのいる英会話教室の幼児クラスに通わせたり。子どもの英会話習得のために、たくさんの投資をしていませんか。

せっかくですが、それはたいていうまくいかないようです。なぜなら英会話は、子どものころに習っても日常的に使わなければ忘れられてしまうものだからです。

英会話のレッスンはいつから始めるのがいいかは、さまざまな意見があるでしょう。個人的には日本語をきちんと話せるようになってからだと思います。

「英語が話せたら、たぶん有利だろう」

「ママ友の子どもが英会話を習っていてネイティブ並みの発音にびっくり、うちの子だって」

「将来、留学のチャンスがくるかもしれない、そのときまでには」

などと、英会話レッスンの機運が高まっているようですね。

でも、ほんとうに今、必要なことでしょうか。まわりに流されていないか、考えてみてもいいと思います。

実はぼくにも英会話にまつわるほろ苦い思い出があります。あれは中学に進学する前だったかな。当時きびしい家計をやりくりして、母が千駄ヶ谷にあった英会話学校に通わせてくれました。「中学に入学して英語で苦労させたくない」と。

授業にまったくついていけなかったぼくは、クラスに行くふりをして、そのまま千葉方面に電車で行き過ぎる。時間をつぶす。月謝だけ払いこんでほとんど行かないままでした。せっかく母がなけなしの生活費の中から工面してくれたのに、ひどい息子です。学校での英語の成績は決して悪くはなかったのですが、小児科医になってからも英語はしゃべれないまま。英会話の苦手意識はずっと続きました。

すでに海外駐在が決まっていて英会話が必要とされているご家族にとっては、英語力の不足はたしかに切実な問題でしょう。かつて、妻と娘を連れてアメリカへ留学したときのことを振りかえって思うのですが、英会話よりもっとたいせつなことがありました。それは家族が団結すること。外国で暮らすという決意でした。それさえあれば、英語が話せなくても生きていける、ということにすぐ気づくはずです。

生活費もままならず、資金不足で子どもを現地のナーサリー（保育園）に入れることができませんでした。長女は渡米後3年以上、一日中、母親とすごします。5歳になって義務教育が始まり、やっと学校（キンダー）に通うことになりました。当然、英語はまったくダメ。それでも、身振り手振りで友だちと遊び、毎日「たのしかった！」と帰ってきました。

妻は渡米後しばらくして、英会話も片言のまま現地の病院で二女を出産しました。アメリカ生活に不可欠と言われるクルマの免許すら持たず、夏休みも冬休みもなく、そしてついに一度も一時帰国することなく、育児をし、家族の生活を支え続けました。まるまる6年のボストン生活を終え帰国の途についたとき、飛行機の窓から外の景色を見つめ、静かに涙を流していました。機上から、それは美しいボストンの街が一望できたのです。

おかあさん、おとうさん、「英語がぺらぺらとしゃべれるようになりたかった」と、子どもに夢を託すぐらいなら、今からでも遅くないです。時間をやりくりして、基礎からもう一度、やり直してみませんか。子どもに「英語力をつけさせてあげたい」と思うなら、まずはご自身から。

理想が高すぎる「あとで後悔したくない症候群」。子育てに、目標到達点はありません。

「夢をあきらめないで、理想に向かって努力をつづけること」

このセリフだけ見ると素晴らしい人生訓なのですが、これを子どもに押しつけてしまうと、どうなると思いますか？

子どもはみんなおかあさんが大好きだから、けなげにおかあさんの期待に応えようとします。一生懸命に勉強したり、スポーツに取り組んだり、疲れていても家事を手伝おうとしたり、がんばるのです。

しかし、理想の高いおかあさんは、まだまだ物足らず「もっと、もっと」と子どもに求めます。テストで90点をとって、ほめてもらえるはずと見せたら「どうしてこんなケアレスミスをするの？　100点とれたはずなのに残念ね」と言われてがっかり。「平均点は70点で、ぼくが最高点なのに」と心のなかで抗議してみても……。

学校の成績はもちろんのこと、スポーツも万能、クラスの人気者で人望もあって、女の子にもてる。漫画の主人公のような理想像を追い求めてしまうおかあさんがいます。

そこまででなくても、いつもワンランク上、みんなよりも頭ひとつ抜きんでていてほしいと望む「負けず嫌い」なおかあさんは、きっとたくさんいると思います。

ぼくも筋金入りの負けず嫌いなので気持ちはわかります。でも、子どものことで誰かと競い合いたいとは思いませんでした。

なにかにつけ理想が高すぎるひとは、「オーバーアチーバ」のことがあります。彼らはたいへんな努力家で、本来、遺伝子からもらった能力以上の学業成績を修めたり、職場で大きな成果をあげたりします。そうした自分の成功体験を子どもにも、子どもだって努力すればもっと、と躍起《やっき》になるのでしょう。

おかあさんが「もっと上を目指せ」と尻をたたいても、子どもが期待されたとおりに努力できないとしたら、おかあさんと同じかそれ以上の負けず嫌いでなければ、いつか燃え尽きてしまうでしょう。おかあさんの理想が高すぎて、子どもがつぶれてしまいそうなときは、おとうさんの出番です。冷静になって、おかあさんが勝手に設定した〝到達目標〟はいったん撤回してもらいましょう。

そして、子どもには〝背伸びをさせてきたこと〟をきちんと認めて子どもには「よくがんばったね」とねぎらいの言葉をかけてあげることがたいせつです。

「アンダーアチーバ」というケースにも少しふれておきましょう。

遺伝子が決めた能力は高いのに、やる気が出ない、勉強や仕事に興味が持てない、などの理由で成果が上がらないひとをさします。やればできるはずなのに、勉強する習慣がまったく身についていないという子どもも、アンダーアチーバなのかもしれません。

ただ、オーバー、アンダーの基準となる〝目標到達点〟、つまり「アチーブメント」はどこにあるのか。本来は誰にも見えないもののはずです。それなのに、子どもには明確な高い理想をかかげ、叱咤《しった》激励するタイプのおかあさん。あなたはきっと「あとで後悔したくない症候群」だと思います。「子どもには後悔させたくない」「今やらなきゃ手遅れになるかも」と、いつも自分で締め切りを作っては、あせって苦しい思いをしているひと。不透明な未来を憂うよりも、今日を楽しくすごしたらいいのに、と思いますね。

遺伝子スイッチが激しく点滅する思春期。手出しも口出しもせず、見守りましょう。

思春期を迎えた子どもは、男の子なら声変わりしたりひげが生えたり、女の子なら月経が始まってからだつきが女性らしくなったりと、それまでの「子ども」からがらりと変貌します。

つい半年前までは「ママ、ママ」とまとわりついてきた息子が、最近では目も合わせようともしないし、なんだか避けられている気もする。近寄ってくるのはお小遣いの請求とごはんのときだけだなんて。

「だるい」「うざっ」「きも」「やば」「べつに」しか言わないわが子に、さみしくて、情けなくてがっかりしているおかあさんもいるでしょう。

これが「思春期の洗礼」だとわかっていても、おかあさんの心はゆれ動きます。

遺伝子が激しく〝点滅する〟時期が思春期です。たとえばそれまで眠っていた性ホルモンの遺伝子が急に明るく輝きだすのです。いわば「人生最大の遺伝子イルミネーション・ショータイム」です。からだも心も大きく成熟するからこそ大人や社会への反発心が募り、反抗期が始まるというわけです。

ヒトのからだにある2万数千個の遺伝子がいつ、どのように指令を出すのか。気になるところですよね。遺伝子ひとつひとつにはスイッチがあり、ＯＮとＯＦＦをくり返していることはすでにご説明しました。昼と夜、たとえば寝ているときに「ＯＦＦ」になるものもあれば、「ＯＮ」になるものもあります。季節や気温の変化でも「ＯＮ」と「ＯＦＦ」が切り換わるのです。

放射線被ばくなど劣悪な環境にさらされたり、抗がん剤などの強い薬を使わないかぎり、遺伝子のＯＮとＯＦＦは計画どおりに、とても正確にコントロールされています。それはまるで、巨大なオーケストラのようでもあります。あるいは、正しく調律されたピアノが美しい旋律を奏でるようでもあります。「遺伝子スイッチ」はたとえば心臓の鼓動のようなもの。意識して「ＯＮ」と「ＯＦＦ」を切り替えることはできないのです。遺伝子の奏でる曲はいつも同じように美しく再生されます。ただしそこには、指揮者や演奏者の個性を生かすだけの揺らぎもあるのです。

思春期は、まるで繁華街にネオンサインが灯《とも》り、シーンががらりと切り替わるように訪れます。急に背が伸びてからだつきも考え方もどんどん大人っぽくなり、大きな変化を遂げます。それまでの10数年間をいったんリセットして再スタートさせます。そうしたなかで、反抗期も始まるのです。思春期の心とからだの変化は、遺伝子スイッチが活性化した証しでもあります。

子どもがいきがって「ざけんな」「うぜぇんだよ」と物騒な言葉で反抗してきても、どうかうろたえないでくださいね。「いよいよ人生最大のショーが始まった。ネオンサインが動き出した」と子どもの成長を歓びそっと見守ってあげましょう。

やる気スイッチのようにいつONになるかわからないスイッチと違い、思春期はおおよそ一定の年齢で誰にでも訪れるものです。神秘的で面白いと感じます。そのような話をすると、反抗期がはっきりしない子どものおかあさんは「成熟が遅いのかしら」と気になったりするかもしれませんが、多くは個性、揺らぎのうちです。「この子の思春期スイッチはいつオンになるのかな」とゆったりとした気持ちで構えていたほうがいいと思います。

日本の義務教育の質は高いです。よけいなお金はいりません。

不況が長びいて格差社会が広がっている今、「子どもの学力は親の経済力に比例する」とまことしやかに語られています。

一般的に、裕福な家庭で育てば教育機会にも恵まれます。また、しっかりした教育を受けたひとほど裕福になる可能性が高いとも言えます。経済的な境遇と学力、能力には関連があるのでしょうか。

そのような議論はさておき、そもそも子どもの能力っていったいなんでしょう。学業成績は単なる「成果物」にすぎません。おしっこの濃さですね。お子さんのほんとうの能力は、成果物ではなく、心や気持ちの働き具合だと思うのです。自分を好きでいられること(自己肯定感)、自分で決めること(意思決定力)、他者をいたわること(共感力)、これらが優れていることが高い能力なのでは。これら3つのチカラについては、第3章でくわしくお話しします。

高い能力の子どもの学業成績が必ずしも優秀とはかぎりませんよね。「うちは貧乏、だから子どもに才能ないし、成績も伸びないんだ」と、決めつけてしまってはあまりにも残念すぎます。

そもそも、日本の学校教育は素晴らしいシステムです。貧富の差が受ける教育の質に比例しないところもすごいと思います。とりわけ義務教育は、批判されることもありますが、一定の学力を確保するという点において十分に役割を果たしていると思います。また、給食ひとつとっても、よその国にはまねできないきめ細やかさがあります。

わが家の子どもたちは、長女、二女、長男の3人きょうだいですが、彼らは地域の保育園から公立小学校、公立中学校と進みました。早期教育とは無縁でしたが、それぞれに自分の道を歩んでくれています。

3人とも、小学校に上がるまではひらがなも書けなかったはずです。かろうじて自分の名前が書けるぐらいでした。それでも、学校では、必要なこと、大事なことをきちんと教えていただきました。先生がたには、心から感謝しています。

お金をかけずに学力を上げるには、とにかくほめること。

たとえば、九九の暗唱でなかなか七の段から先に進めなかったとします。そこでは叱ったりしないで、完全にクリアーしている二の段、三の段を唱えてもらって、「すごいね」「さすがだね」とほめるのです。そうするうちに、だんだんその気になってくれますよ。

テストの点数も、たとえ30点だったとしても、正解したことをほめる。子どもをほめるのに、お金はかかりません。

どんな子どもでも、みんな、才能のシグナルを発信しています。

かげがうすい、平凡で目立たない、これといった取り柄がない。そんな子どもを育てているおかあさんは、こう言います。

「とくべつな悩みはないけれど、このままでいいのかな。この子に才能なんてあるのかな？」と。

学校の成績は平均的で、習い事でも目立つことはないし、なにかのシーンで主役になれるタイプでもない。心配事はないけれど、親にしてみればなんだか物足りない気がする。子どもの素行が悪くて学校からしょっちゅう呼びだされているおかあさんや、病気や障がいを抱えた子どものおかあさんから見たら、「わあ、なんて贅沢なことを」というこことになりそうですね。この一見、悩みのかけらもなさそうなおかあさんにこそ、知っておいてもらいたいことがあります。それはどんな子どもにも、必ず際立ったところ、取り柄があるということです。

あたりまえのことですが、自分の子どものことになると、そこがなかなか見えなくなってしまう。それでも探せばなにかあるはずです。つらい思いをしているお友だちのために涙を流し、誰かにうれしいことがあったときには自分のことのように喜べる。もしもそんな小学生がいたら、それは素晴らしい才能だと思いませんか？　では、子どもの才能がいつ、どのように開花して、どんな実を結ぶのか。親ならぜひ早く知りたいと思うでしょう。遅咲きタイプの子どもを育てていると、このままずっと花は咲かないのかも……と不安になるかもしれませんね。でも、大丈夫。遺伝子にはその時期もわかっているようです。毎年、その季節がめぐってくればつぼみがふくらみ、やがて花が咲く、植物の成長と同じです。

たとえば、大学入試までをひとつのライフステージと考えると、早い時期に詰め込むよりも、遺伝子を信じてじっと待つほうがいいと思います。花開く時季を心待ちにしてそっと見守るように。早い時期にいくら投資しても、無理に早咲きにしても、あまり意味がないようです。

ここで二女のエピソードを紹介しましょう。あれは小学校低学年のころでした。給食当番としておかずをよそっていると、並んで給食を受け取っていたクラスメートが急に吐き戻したそうです。まわりの子どもたちがみんな、あわてて飛びのくなか、娘はとっさに吐瀉物《としゃぶつ》を両手で空中キャッチしようとして失敗、頭から浴びてしまったのです。そんな惨状でも、吐いた子どもに対して「大丈夫?」と口にしたそうです。その話を伝えてくださったのは当時の担任の先生でした。

そして、中学生のころの話。雑草取りをしていたときに、二女がちいさな木の芽を拾い「この葉っぱ、桜だと思うから助けて」と担任の先生に申し出ました。はじめは信じなかった先生も、ついには「そこまで言うなら大事に育ててみましょう」とプールサイドに植えてくださったそうです。あとあとになって、それはほんとうに桜の新芽だったことがわかりました。時を経て、校庭に根づいて立派な桜の木に成長しました。その桜の木には娘の名前がついています。

やがて、娘は自分で夢を見つけて、その夢をかなえました。小児集中治療室の看護師となったのです。彼女は小学校、中学校を通じて、いつも保健係か生き物係を担当していたそうです。今となって考えてみれば、「ああ、そういうことだったのか!」とつくづく思うのです。小中学校のころの日常のちょっとしたエピソードに、その後の人生を予感させる大きなヒントが隠されていたような気がします。これも遺伝子が綴《つづ》ったシナリオだったのかもしれません。

多くの子どもたちが、自分でも気づかないまま、遺伝子のシナリオを親である私たちに伝えようとしているのではないでしょうか。そんな小さな〝いいところ〟を見逃さなかった当時の担任の先生がたはほんとうに素晴らしかったなと感じ入ります。

さて、平凡で取り柄が見えづらい子どもを持つおとうさん、おかあさんへ。誰もがふりかえるような才能はなくても、誰にもまねできない心根の美しさが育っているかもしれません。親も本人も気づいていないだけで、子どもはみんな生まれながらにして才能の芽をもらっているのです。

どうやって見つけましょうか。それは本人が、自分はなにをしたいか、なにをしているときに気持ちが鼓舞されるのか、素直に感じ取っていくしかないのです。才能を花開かせるコツがあるとしたら、タイミングを逃さず、かまわず前に出ること。子どもが自分でやりたいことを見つけるまでそっと応援していくために、そのときがきたら子どもの才能に気づいてあげられるように、親は心をやわらかくしておきたいですね。

遺伝子の描くシナリオには余白があります。才能はいつ花開くかわかりません。

遺伝子にまつわる物語は、受精した瞬間から臨終のときまで続きます。

それでは、年齢を重ねても花咲かない遺伝子はどこかで死滅してしまうのでしょうか。いいえ、何歳になっても遺伝子にスイッチがONになることがあります。遺伝子は達成までの「はやさ」を競ったりはしないのです。いつか花開くその日がくるまで、そっと見守っています。それを「遅咲き遺伝子」と名づけましょうか。

小学三年生になっても、自転車に乗れない男の子がいたとします。親は心配になって特訓しますが、補助輪を外したとたんバランスをくずして転びます。何度も何度も練習しましたが、どうしても乗れません。

それが五年生になる春休みにふとしたきっかけで自転車に乗れるようになりました。そのときの達成感ときたら、幼稚園年長で苦労せずに乗れるようになった子どもよりも、ずっと大きいと思いませんか。

自転車でも鉄棒でも九九でも、ほかの子に後れをとると親はついつい不安になるもの。いつかきっとできるはず、いつかなにか見つけるはず、と待ってみてはいかがでしょうか。成功はあとになればなるほど、大きな感動をあたえてくれるものです。

ぼく自身の経験をお話ししましょう。50代になってから、突然、マラソンをはじめました。当時はまったく運動をしていなかったのですが、部下からの執拗《しつよう》な誘いに負けて渋々はじめたのです。教則本を買いこみ、お金にいとめをつけずに高価なランニング・シューズなどを買いそろえ、計画的にトレーニングしました。結果は、仲間内でいちばんの成績だったのです。それ以来、すっかりマラソンに魅せられ、58歳で3時間7分台の記録を残し、大きな達成感を得ました。

子どものころは、体育が苦手な男子でした。長距離走こそが、遺伝子がぼくにあたえた特技であったとは、あの執拗なお誘いがなければ一生、気づかなかったことは間違いありません。この歳になって「ああ、そういうことだったのか！」と思えるエピソードがあってしあわせです。遅咲きの遺伝子に感謝しています。

マラソンレースは、しばしば人生にたとえられることがあります。スタートダッシュが素晴らしい人もいれば、遠まわりしたり、途中で歩いたり、つまずいて遅れをとったり……。ゴールの着順を競うトップアスリートもいますが、自己ベストを1秒でも更新しようとゴールを目指す市民ランナーもいます。

いっぽう、制限時間内の完走を目指して、応援の人々とのやり取りを楽しみながらマイペースで走るひとも多いですね。人生というレースにも、人それぞれに意義と目標があります。

ところで、マラソンの記録には「ネットタイム」と「グロスタイム」があることをご存じですか？　スタートの号砲からゴールまでの所要時間が「グロス」で、正式な記録となります。しかし、号砲と同時にスタートラインを通過できるのは、最前列のトップアスリートだけ。参加者がおよそ4万人の東京マラソンのような大きな大会では、号砲からスタートを切るまでに30分くらいかかることもあります。

グロスでは、号砲とともにスタートを切った選手のタイムと30分後にスタートラインを通過した人では、スタート時点ですでに30分の差がついていることになります。そこで、それぞれの選手がスタートラインを横切った時点をスタート時刻としてゴールまでの時間を記録とするのが「ネット」です。市民ランナーの個人記録としては、ネットを用いるほうが現実的と言えます。

楽しみながらの完走を目指すネットタイムでは、早くスタートを切っても、遅く切っても、影響はないということです。遅咲き遺伝子は、ずっと後方からスタートを切ったマラソンランナーのように、スイッチがONになるのが遅かった〝後方スタート遺伝子〟と理解されます。ちなみにぼくの3時間7分という記録は、もちろんネット。非公式の個人記録です。

遺伝子が綴るシナリオには必ず余白、遊び、振れ幅があります。親ゆずりとは思えない才能が発揮されたり、思いがけない特技を身につけたりできるのも、努力や練習に加えて、シナリオにあるアドリブ部分の仕業なのです。そのボーナスチャンスは、あせらず自分のペースで見つければいいのです。10代で見つかるひともいれば、ぼくのように50代でやっと「これ」というものに巡りあえることだってあるのです。

食べ物で頭がよくなることはありません。楽しく食べることが、なによりも大事です。

「子どもになにを食べさせたら、頭がよくなりますか?」

「DHAが豊富な青魚がいいそうですね」

「ココナッツオイルを食べると記憶力がよくなるってほんとうですか?」

「ギーというインドのバターみたいなのがいいそうですが」

「ビタミンDが脳のシナプスをつなぐってほんとう?」


子どもの健康を気づかい、毎日の食事で工夫したいという心がけは素晴らしいと思います。しかし、情報に振り回されて過度に気にしすぎると逆効果にならないでしょうか。

小児神経科の専門医として、てんかん発作のあるお子さんを治療することも多く、ごく稀には、糖質を制限して脂質を摂ってもらうケトン食をすすめることがあります。しかしこれは、通常の薬が効かない重いてんかん発作を抑えるためのもの。健康な子どもに糖質を控えさせ、過剰な脂質を摂らせても、脳神経のシナプスの働きが改善するとか、頭の回転がよくなるということは、ありません。

青魚に豊富に含まれるＤＨＡにしても、すでにお話ししたように、少しでも不足すると深刻な病気になるとか、頭が悪くなるなんていうことはありません。みなさん、健康ものをあつかうテレビ番組の情報に振り回されすぎじゃないですか。

昔ながらの和食を食べさせると賢い子どもに育つ、なんていかにも正しそうな説もありますが、これにも根拠はありません。ソーセージを食べようが、フライドチキンを食べようが、焼き魚と出し巻きを食べようが、それは嗜好の問題であって、頭がよくなるということはないのです。

ココナッツオイルやギーは、認知症を予防する食事としては注目されていますが、子どもはまだまだからだをつくっていく途中。高齢者の脳を活性化させるものが、そのまま子どもにもいいかどうかはわかりません。

子どもの食生活については、情報が錯綜していてどれが正しいのか間違いなのかも、判断しづらい状況ですが、現代の日本で通常の生活をしているかぎり、特定の栄養素が欠乏したせいで病気になることはまずないです。

子どもにはいっさい添加物を食べさせたくない。できれば砂糖も摂らせたくない。野菜も肉もオーガニックじゃないと不安で……。

こんなふうにこだわりを持つおかあさんもいますが、子どもに無理強いするのはいかがなものでしょう。子どもがちいさいうちは「これがわが家のスタイル」でいいのかもしれませんが、小学校に上がるころになると、子どもにだって子どものつきあいがあります。それにたとえからだに必要なビタミンや自然食品であっても、必要量の何倍も摂ってしまうと、過剰摂取で中毒になることだってあります。

たとえからだに必要なものでも過剰に摂れば害になる、というお話をしましたが、摂りすぎ注意と言われるファストフードや添加物でも、たまに食べておいしいなと思うていどなら、からだの害になることはまずありません。

食品パッケージに記載されている原材料名や栄養成分表示に目くじらをたてて、神経質になりすぎるのはつらくないですか?

食事でいちばんたいせつなのは「楽しく食べること」だとぼくは思います。かなうなら、家族そろって。「おいしいね、このおイモなんて名前?」などと会話しながら食べられればいいですね。ジュースで乾杯！　ママはワイン、パパはビールもいいですね。頭がよくなるから、とブロッコリースプラウトばかり食べさせられたり、苦い青汁を飲まされたりしたら、楽しいはずの食事がいやな時間になりそうです。

料理が苦手で凝ったものも作れない。栄養学の知識もほとんどない。そんなことが原因で、子どもの成績が伸びなくなったり、アトピー性皮膚炎になることは、ありません。栄養バランスに気をくばるのは賛成ですが、それがおかあさんのストレスにならないことを願います。

毎日のごはんですから、もう少しだけ肩のチカラを抜いていいのですよ。デパ地下の惣菜だって冷凍食品だって、みんなで笑いながら食べたら、それがごちそうです。

不登校の子どもには、休息が必要。「行かなくていいよ」と伝えます。

学校に行きたくてもからだがフリーズしてしまう。ちいさな言い争いをきっかけに、クラス全員に無視されて居場所がない。担任の先生に叱られるのが怖くて登校時間が近づくと吐いてしまう。夏休み明けにどうしても学校に行く気になれないまま3か月すぎてしまった。

なぜ、子どもたちは学校へ行けなくなってしまうのでしょう。

ぼくの外来の診察室にも不登校に悩む子どもがやってくることがあります。その子からひと通り話を聞いて「そう、学校に行けないのか。じゃあ、行かなくていいよ」とまず話します。そして、「この先生、いったいなにを言いだすの？」と不安そうにぼくを見つめているご両親には「学校に行かないだけで人生を踏みはずした子どもを、ぼくは見たことがない。社会に出てから、会社に行きたくない、もう辞めたいというひとはたくさんいて、そのひとたちのほうがよっぽど苦労していませんか。義務教育のうちにお休みして充電させてあげたらいかがですか」とやんわりとお伝えします。

ご両親は小児科医であるぼくが、隠れているからだの病気を見つけて治してくれたり、「学校に行くように」と子どもを説得してくれるとでも思っていたのでしょう。それがあっさり「学校に行かなくていいよ」と言うものだから、たいていのかたは驚かれます。

不登校で悩むお子さんには、さまざまな背景があると思いますが、ただサボりたいだけ、怠けているだけの子どもはまずいません。みんな「行きたいけど、行けない」「行こうと思ってもからだがついていかない」など、葛藤を重ねて、ぼくたちの診察室にたどりついてくるのです。もう十二分に苦しんだ子どもに「なにを甘えているんだ、そんなことでは社会の落伍者になるぞ」などと、きびしい言葉を投げかけても、耳障りな雑音にしかなりません。

不登校が年々増加していて、社会問題として関心も高いようです。そのせいか、学校に復帰させることをサポートする専門家もいるそうです。子どものことを思って親身になってくださるかたがほとんどでしょうが、なかには法外な料金を請求する場合もあるようです。

「初動がたいせつで、甘やかせて学校を休ませると長引く」と説く教育家の意見もあります。それも一理あるかもしれませんが、学校に行けないほど心とからだが疲弊しているのであれば、いったん避難する場所、休憩する時間が必要だと思います。

不登校のお子さんを持つおかあさんは「このまま、引きこもりになったらどうしよう」とおろおろされますが、不登校の行きつく先は必ずしも引きこもりではありません。しばらく休んで、充電したのちにもう一度、学校に戻って元気にすごしている子どもをたくさん知っています。


ただ、どのぐらい充電期間が必要なのかは、ほんとうにひとそれぞれ。年単位でお休みする子もいれば、「学校に行かなくていいよ」と、お話ししたことで安堵したのか、翌週から登校できた子もいました。

登校しない期間も、ずっと家に閉じこもって安静にしている必要はありませんね。図書館に行ってもいいし、平日ですいている時間帯に水族館や美術館に「社会見学」に行ってもいいと思います。「子どもが不登校になった。いい機会だから、子どもを連れて旅をしている」というおかあさんもいました。

不登校の原因のひとつに、いじめの問題があることも少なくないでしょう。その場合も、いったん休息をとるのは同じです。からだも心も充電できたら、もとのクラスに戻るか、転校するか、籍を置いたままフリースクールなどに通うか、さまざまな選択肢があります。ほんとうはいじめをした加害者を転校させるべきという考え方もあるでしょうが、いちばんたいせつなのは、子どもの命と心。時間をかけてご両親、学校の先生、そして子どもで話し合いましょう。

いずれにしても、不登校になったからといって、おかあさんも自分を責めないこと。神様にもらった「休日」だと思って、しっかりからだと心を休めて、少し元気になったら外にも出かけて、勉強もして。すぐでなくてもいいので、学校に戻れる日を信じて、すごしましょう。いつでも戻れるように、生活リズムだけは、登校しているときと同じタイムスケジュールを心がけるといいと思います。

全部自分でやらなくていいんです。ヒラリー・クリントン流の子育て。

米国大統領選挙でファイナリストになったヒラリー・クリントンさん。予備選挙に出馬したころ、アメリカ小児科学会で講演をしました。ぼくも現地で聴いたのですが、その内容に感銘をうけました。

アメリカ史上初の女性大統領が誕生するかと、期待が高まっていたころです。小児科医が聴衆だったので、テーマも子どもの話になりました。ヒラリーさんには孫がいて、今はその孫を娘夫婦と一緒に育てているという話でした。そのなかで、ヒラリーさんはこう言いました。

「育児はルーティーンとノンルーティーンに分けられる」

ルーティーン、つまり毎日行われる定型的な作業、オムツ換えや、食事、昼寝の見守りなどは、アウトソーシング（外注）してもいい。多少手を抜いてもかまわないのだ、と。

しかし、ノンルーティーンな時間はひとまかせにしないこと。

ぼくの予想とは逆の考え方でした。

ヒラリーさん自身は孫に毎晩お気に入りの絵本「グッドナイト　ムーン」を読み聞かせしていたそうです。お孫さんにとっては一日を締めくくる特別な時間です。ヒラリーおばあちゃまは、その大事なノンルーティーンを担当していたわけです。

下院議員として、予備選挙の候補者として多忙を極めていても、孫とのノンルーティーンタイムをたいせつにする。さすが国務長官。育児でも要《かなめ》の部分で力を発揮していたようです。

「ルーティーン」と「ノンルーティーン」を分けることによって育児の負担を軽くすることができれば、子どももおかあさんも笑顔になれるかもしれません。ファミリーサポートや時間単位の託児など、子育てママが利用できる公共サービスがあります。「ノンルーティーン」はたいせつにしながら、「ルーティーン」を誰かに託すことは、子どもにとってもいろんな大人とかかわれるいい機会です。

「3歳まではおかあさんが家庭で育てたほうがいい」

「0歳児を保育園に預けるなんてかわいそう」

いまだにそんなことを言うひとがいますが、根拠はどこにもありません。ヒラリーの言葉を思い出して、ノンルーティーンを思いきり愛情あふれるひとときにしましょう。

ノンルーティーンといっても特別なことが必要ということではありません。

保育園にお迎えに行って、ぎゅっと抱きしめることでも、帰り道に手をつないで歩くだけでも、子どもとおかあさんにとってかけがえのない濃いひとときは「ノンルーティーン」。たいせつにしたい時間です。

第3章

親が心がけたい、子育てにいちばんたいせつなこと

勉強ができる、運動ができる。それも立派なことでしょう。でも、なによりも大事なのは、「共感力」「意思決定力」「自己肯定感」、この3つです。これを身につけられるようにするのが親の務めです。

「共感力」「意思決定力」「自己肯定感」3つのチカラが子どもをしあわせに導きます。

子どもにしあわせな人生を歩んでもらいたい。親なら、誰もがそう願うものです。

そのために授けたいことは、誰かの気持ちに寄り添える「共感力」、あらゆるシーンで自分のことを自分で決める「意思決定力」。さらに、生まれてきてよかった、自分は自分でいい、と感じる「自己肯定感」の3つ。ひとのしあわせを守る、3つの勾玉《まがたま》のようなものです。

これらがあれば、子どもたちはどんな苦境にも、さまざまな困難にも立ち向かっていけるだろうと思います。

「共感力」は「あの人、共感力があるな」と、相手にも感じ取りやすく、誰かをしあわせにできる素敵なチカラです。

「うちの子、成績はぱっとしないけれど、友だち思いで、共感力が高いかも」「もう少

子どもをしあわせに導く3つのチカラ

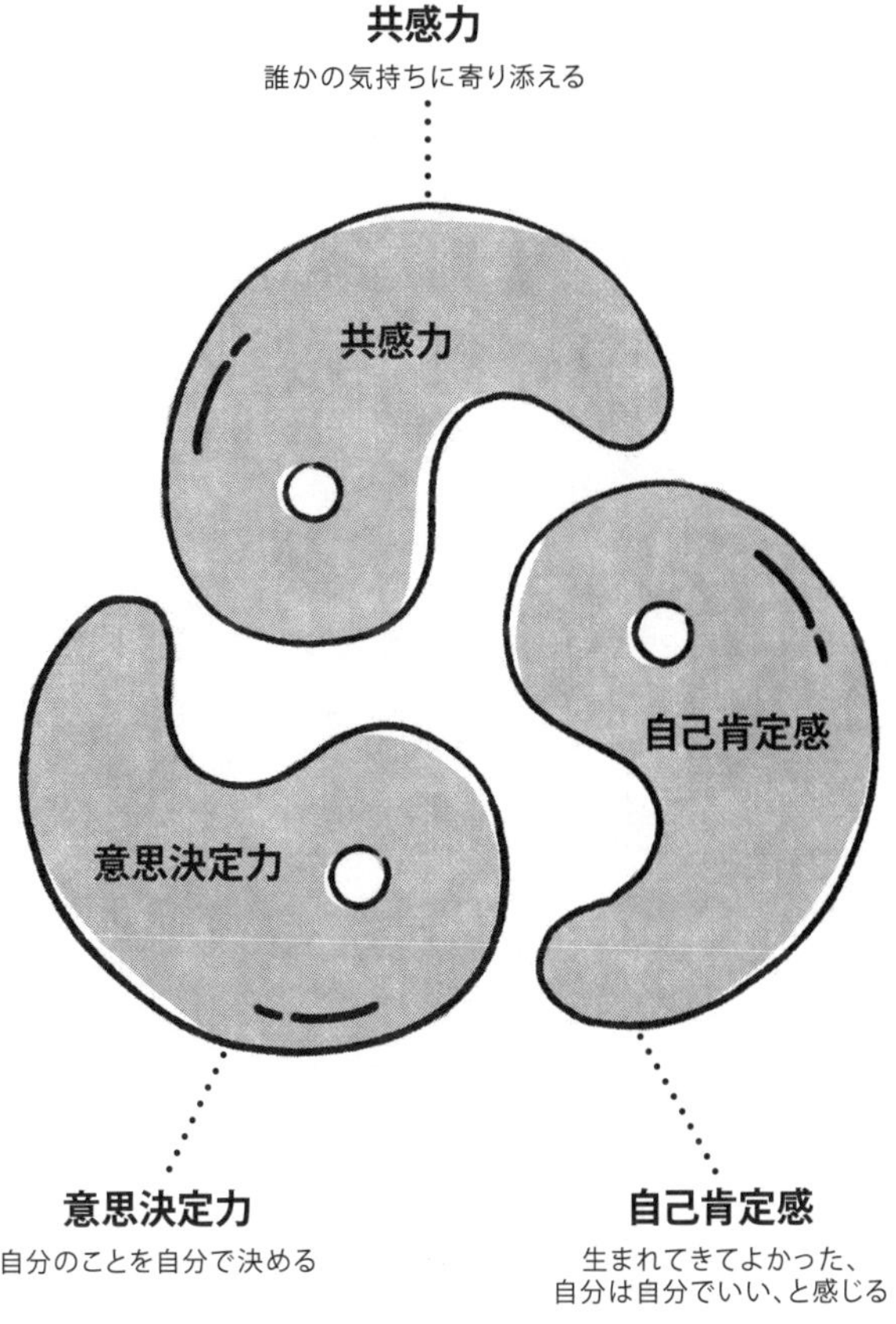

しお友だちのこと、自分のことのように考えてほしい。あの子はまだまだ共感力、育っていないのかな」と感じることはありませんか。

さらに、自分でも実感しやすいものです。「あの人の考え、共感できるな……」という場面もしばしばあるでしょう。

「意思決定力」は文字どおり、自分で考えを決めるチカラ。結果や成果にあらわれることが多いため、自覚しやすいチカラです。「やり遂げた！　自分で決めてよかった」「失敗したけど、自分で決めたのだから悔いはない」「いいと思ったのに失敗だったな。今度は別のやり方にしよう」など。子どもが達成感を味わうためにはなくてはならないチカラです。また、はたからも見えやすいチカラです。

「わがままで困ったと思うことも多いけど、自信を持って決められるところはすごいな」「日常のささいなことでも、うちの子はなかなか決められないみたいだな」などと思うことはありませんか。

「自己肯定感」は、もっとも主観的なものです。ひとと比べたり、評価したり、数値化することはできません。3つのチカラの中でも唯一、〝力〟ではなく〝感〟と表記されます。自尊感情と呼ぶこともあるようです。英語でも同じニュアンスをもって、セルフエスティームと表現されます。

たとえば、共感力や意思決定力を持っていたとしても、ほんとうに自己肯定感の高い状態にあるのか、自己肯定感にあふれた人生をおくっているのかは、本人にもわからないのかもしれません。ましてや、はたからただ見ているだけでは感じ取ることはできなくてあたりまえ。子どもの自己肯定感を、親はどのように感じ、汲《く》んであげればよいのでしょうか。

「生まれてきてよかった」——。

そんな感覚が、自分の自己肯定感を感じ取っている瞬間なのかもしれません。

共感力と意思決定力が、育児環境や教育環境によって育まれていく部分が大きいのに対して、「自己肯定感は生まれつき遺伝子に組みこまれているのではないか」と。ぼくはそんなふうに感じています。

子どもはみな自己肯定感を持っています。どうかそれを壊さないでください。

子どもの笑顔が例外なくわたしたちの心に沁《し》みこんでくるのは、彼らが自己肯定感に満ちあふれているからでしょう。そう、はじめから自己肯定感がない子どもはいないのです。「自己肯定感」は、遺伝子が責任を持ってすべての子どもたちにあたえた、天性のチカラです。

子どもの知能、社会性が発達する過程で、最初に獲得されるのが〝ほほ笑み〟なのです。生まれて間もなく、すべての赤ちゃんが〝にこ〜〟とします。そして、ほとんどの子どもが生後3〜4か月までにはかわいらしい声を出して笑うようになります。これがその後の知的発達を占う、もっとも重要な兆候だと考えられています。

裏を返せば、「笑顔が消える」「表情がなくなる」というのは、子どもにとって最大の危機。ＳＯＳサインだと思ってください。

ぼくが出会ってきたＡＳＤ（自閉症スペクトラム）やＡＤＨＤ（注意欠如多動症）の子どもたちは、感情のコントロールが苦手だったり、表情が豊かではなかったりしますが、よく見ていると、持って生まれた自己肯定感が低いようには思えないのです。大人たちやまわりの子どもたちに、否定され、けなされる。そんな状況が長く長くつづくことによって、自己肯定感が知らずしらずにくずれてしまったり、失われたりするのではないでしょうか。環境を整えずにがまんを強いたり、ストレスをあたえ続けたりしたことによって、本来の障がいとは質やていどの異なる問題が生じてきます。

これを二次障がいと呼びます。非行、犯罪や社会からの逸脱という重大な問題の原因となる二次障がいの正体は、実は自己肯定感の崩壊にあったのです。

たいせつな子どもたちの自己肯定感をいかに守り、高めていくのか。ここでは〝やってはいけないこと〟を中心に、少し具体的にお話しします。子育てにかかわるすべてのひとに知っておいていただきたいことです。

たとえば、おしゃれに興味を持ちはじめた娘が流行りのメイクをして、インスタグラムを参考に洋服を買ってきたとします。「ママ、どう？」と胸に洋服をあてながら、女性としてのロールモデルである母親に意見を求めます。いきなり「なあに、それ、全然似合わない。ヘンだよ」と言われたら、誰だっておしゃれをするのが怖くなったり、恋愛に消極的になったりするのでは。子どもが勇気を振りしぼって「おれ、ドイツにサッカー留学したい」「わたし、アナウンサーになりたい」と言ったとします。頭ごなしに「そんなのムリに決まっているでしょう」と言われたら、親には二度と夢を語るまい、と思うのでは。

馬鹿にしたり、無視したり、怒りをぶつけるように叱ったり。そのような接し方をしていけば自己肯定感はじりじりと確実に下がっていきます。子どもを叱るときには、数秒間、考えをめぐらせてからにする。感情的になりそうなときは、ひと呼吸おいて鏡をのぞいてみる。いろんなやり方があると思います。

子どもの心はやわらかく素直なので、いちばん身近にいる母親に否定されたら、そこにあったはずの自己肯定感を一時的にせよ見失ってしまうのです。そのような日常が積み重なっていけば、自分を粗末に扱って、大きなチャンスをふいにするかもしれません。「どうせ自分なんて……」と。

他人と比べない、こまめにほめる。それが、自己肯定感を伸ばす基本です。

そもそも自己肯定感（セルフエスティーム）ってなんでしょうか。ぼくなりに翻訳すると子ども自身が「生まれてきてよかった」と感じることだと思います。それさえ達成されれば、子育ては成功したと思ってもいいくらいです。

さて、ちいさな子どもは、決して自分のことを不幸とは思わないものです。どんな貧困家庭に生まれても、親からひどい虐待をうけていたとしても、自分のおうちはこんなものだと思っています。よその家庭と比べることもできないし、世間一般の基準といった概念もない。だから、たとえ手を上げられても、ひどい言葉でなじられても、お風呂に入れてもらえなくても、そして無視されても、おとうさんやおかあさんのことを恨んだりしないのです。

むしろ虐待をうけている子ほど、親の近くからはなれようとしません。「ぼくが悪い子だから、こんなことをされる。どうしたら、もっと好きになってもらえるのかな」と。

また、自分のまわりで起こる悪いことは、すべて自分のせいだと感じます。「おとうさんがおかあさんを殴るのは、あたしがおかあさんを大事にしてないからだ。おかあさんが泣いているのは、あたしのせいだ」と思うのです。

子どもというものは無垢《むく》なものです。貧困にも虐待にも、それだと気づかないのです。自分の家がよそと比べてどうか、自分はしあわせなのか不幸なのかを実感できるようになるのは、自分を客観視する能力（メタ認知）が育つ小学校高学年以降のことです。自己肯定感を失うとすれば、それは大人のせいです。

では、どうすれば子どもが本来持っている自己肯定感を、そのまま維持できるのでしょうか。それはちいさいうちから「やればできるようになる」という経験をたくさん積ませてあげること、それに尽きます。スポーツだって勉強だって、ピアノやお習字や絵画だって、とことん追いつめたり、強要したりしないこと。子どものうちにわざわざ挫折感を味わわせる必要はありません。

ささやかな成功体験をたくさん積ませて「すごいね」「よくできたね」とほめる。ほめるときは思いっきりね。子どものころに成功体験を積んだ人間は強いですよ。「やればできる」「自分のことが大好き」ということは、子どもにとって大きなチカラになります。

たとえば子どもが料理を手伝おうとしたとします。失敗するかもしれない。ちいさなけがをするかもしれない。食材がダメになるかもしれない。それでも、手伝ってもらう。そして上手にできたら「すごい、すごい」と手をたたいてほめてあげましょう。失敗しても「トライしたことがえらい」とほめればいいのです。

「いつもほめてばかりじゃ、つけあがりませんか?」

と心配されそうですが、だいじょうぶ。出し惜しみしないで、思いっきりほめてあげましょう。

ぼくが診察室で会う、日常生活でのさまざまな困難を抱えた子どもたちの話をさせてください。発達障がいの診断名はついていなくても、デリケートな子ども、個性的な子どもたちは、いつもさまざまな誤解と隣り合わせです。先生やおかあさん、おとうさん、見知らぬ大人にまで叱られてばかりいる子どもたちも多いのです。「友だちと比べてできないことばかりだ」「どうやら自分はみんなとは違うようだ」そんなふうに感じているのです。

そんな子どもたちを育てているおかあさんには、「叱らずに、ほめることでなにかを伝えてください」とお願いしています。そのような時に役立つのは、ネガティブな言葉をポジティブな言葉に置き換えることです。〝ポジティブワード〟は、発達に問題のないお子さんにも効果があり、学校でも少しずつとり入れられています。

たとえば、こんなふうに。

「廊下は走らないで。危ない、走っちゃダメ」↓「廊下はゆっくり歩こうね」

「もう、うるさいな。黙りなさい」↓「元気な声だね。今は静かにできるかな」

「字が汚い、こんなの読めないよ」↓「ゆっくり書いてみようか」

「忘れ物しちゃダメでしょう」↓「一緒に持ち物リストをチェックしてみよう」

否定形を肯定形に置き換えると、気持ちよく耳に入ってくるものですね。とっさに出てこないときは、よく使う言葉をリストにしておくといいかもしれませんね。

親の育児不安やストレスが、自己肯定感を下げる原因になることも。

どんな子育て本を読んでも「ひとと比べない」と書いてあります。どんなに「比べるな」と言われても、比較対象があれば照らし合わせてしまうのは、人間のさがなのかもしれません。

成績順位、進学先、部活での活躍、友だちの数など、ありとあらゆることで、「○○くんにだけは負けてほしくないな」「○○ちゃんがA高校なら、あなたはそれ以上を目指さなくちゃね」と、比較され、競わされる。そうなると子どもへの言葉がけも表情も態度もきつくなり、子どもを励ましているつもりが、戸惑わせて、自信を失わせ、自己肯定感を奪っているのかもしれません。

誰かと比べて子どものポジションを確認し、「子育てランキング」に子どもを巻きこんでいるとしたら。子どものことを思いやっているように見えて、実はおかあさんたちのプライドをかけた闘いではないですか。

「よその子と比べても、意味がありませんよ」と、何回言っても「だけど……」と口をつぐんでしまうおかあさんがいました。お子さんがADHD（注意欠如多動症）と診断され、学校の先生に常に目をつけられていたのです。なにかあると「おたくのお子さんは○○すらできない」「ほかの子どもたちはみんなできるのに」と、比較し続けられたことで、おかあさんも反射的に誰かとわが子を比べる癖がついてしまっていたのです。いつも表情がこわばっていました。

治療をはじめたところ、学校でのトラブルが激減しました。それまで、誰かと比べられ、けなされ、いつも自信なさそうにへこんでいたその子が、得意なことを見つけて、それに熱意を持って取り組むようになったのです。まるで別人のように変身しました。遺伝的素因がとても強いと言われる発達障がいを抱える子どもであっても、なにかのきっかけで自信をつけて、比較されることがなくなれば、大きく成長できるものなのです。

そして、診察に同伴してくるおかあさんの表情が、どんどん明るくなっていったことには驚きました。思えば彼女の笑顔を初めて見ました。子どもが自信をつけたことによって、長年苦労してきたおかあさんもすっかり自信をつけたのでしょう。出口のないトンネルではなかったのだと。

発達障がいの子どもたちにかぎらず、個性が強く、マイペースで育っている子どもを、ほかの誰かと比べることは避けるべきです。もしも比べるとしたら、先月のその子、半年前のその子と比べていただくのがいいと思います。他人と比べられることで、友だちと競い合うことでがんばれる子もいると思いますが、そうではない子どもがたくさんいることを知っておいていただきたいのです。

彼らがやがて成長したとき、社会的に成功するかどうか、しあわせな人生を手に入れるかどうか、自分は自分でよかった、生まれてきてよかったと感じられるか。それは、かかわったひとたちの人間力にかかっています。おかあさん、おとうさん、学校の先生やぼくたち小児科医もそのひとりです。ぼくたちの使命は、子どもたちの自己肯定感を育むことに尽きます。

さらに、おかあさん自身が自己肯定感を失わないこともたいせつです。

予定日より早く低体重で生まれた、染色体に異常が見つかった、育てているうちに発達が遅れていることに気づいた……。そんな想定外のことがあったとしても、子育ての原則は変わりません。「妊娠中に飛行機で実家に帰ったから」「夜更かしがいけなかったんだ」「なぜ、もっと早く妊娠に気づけなかったのか」「あとひと月、妊娠が遅れていたら」。おかあさんはたくさんの後悔にさいなまれているのかもしれません。しかし、ほとんどのことはお子さんに起こった〝想定外〟とは無関係です。まずは「生まれてきてくれてありがとう」という気持ちで接すること。お子さんも「生まれてきてよかった」と返してくれるはずです。

くり返しになりますが、子どもたちの自己肯定感を育んでいく最大の力は、おかあさん自身の自己肯定感だと思います。そして、育児という経験がおかあさんの自己肯定感に大きな影響をおよぼします。

「この子がいてよかった、この子を産んだのはわたし」という気持ちは、おかあさんの自己肯定感を大きくふくらませます。

反対に「この子のせいでわたしの生活は台無し……、でもこの子を産んだのはわたし」という気持ちは、おかあさんの自己肯定感を破壊しかねないのです。

とはいえ、自己肯定感はガラス細工のようなものではありません。やわらかな布で拭いたり、そっとくるんだりしながら、びくびくと育てる必要はないのです。出産、育児をとおして、ご自身の自己肯定感を高めていっていただきたいのです。生まれたばかりの無垢な表情の赤ちゃんを思い浮かべてください。おっぱいやミルクのなんとも甘酸っぱいにおい、たしかなぬくもりを。どうか生まれて1〜2週間目に見せてくれた、赤ちゃんの初めての「にこ〜」を思いだしてみてください。

遺伝子がくれた才能を花開かせるための「恵みの水」が自己肯定感です。おかあさんの自己肯定感こそが、子どもの才能を花開かせる鍵になります。

意思決定の始まりは2歳から。どんなことでも尊重してあげましょう。

生まれて初めて自分の意思で選ぶものはどんなものでしょう。何色のクレヨンでお絵かきしたいか、くまのぬいぐるみとうさぎの人形ならどっちがいいか、折り紙を選んだときかもしれない。

おそらくまだ物心がつく前のことなので、記憶をたどっても思いだせないでしょうね。では、子どもは何歳ごろから、自分の意思でなにかを選びとることができるのでしょう。これは心理発達の分野なのですが、おおむね2歳のころには2つの選択肢のなかから、1つを選択することができるようになります。「オレンジジュースがいい？　りんごジュースにする？」と聞いたら、「りんごジュースちょうだい」と自分が飲みたいほうを選びます。

2語文が3語文になり、会話も上手になってきますが、2歳代ではまだ二者択一できるだけ。4歳代になると4つの選択肢のなかから1つを選べるように成長します。逆に言うと、この年齢になるまでは、はっきりとした意思決定能力が育ちきっていないのです。

意思を決める力がすくすくと育っていけば、ゆくゆくはどんなことでも自分の意思で決めて、それを実行に移していく能力が身についてくるはずです。強い意思決定力を育むことは、その後の人生を左右すると言っても過言ではないのです。

「えっ、好きなお人形やジュースを自分で選ぶことがそんなにたいせつなことなんですか？」と驚かれるかもしれませんね。

「みんながやるから、うちの子にも英語を習わせなきゃ」では逆効果ですね。意思決定力を伸ばしてあげたいと思うなら、「あなたはどちらがいいと思う？」「自分で決めていいよ」と声をかけて、〝自分で決める〟という作業の楽しさを実感できるような環境を用意してあげることです。

そして子どもが選んだことに「なんで……そんなの……」という顔をしないこと。おかあさんの考えや嗜好と違っていたとしても「へええ、そうきたか」とうなずくことがたいせつです。

日常生活でも、意思決定力を育むチャンスはいくらでもあります。みなさんもよくしていることは、夕ごはんのおかずを決めさせること、でしょうか。ぼくも子どものころ、母から「今夜なに食べたい？」と聞かれて、決まって「マカロニグラタン！」と答えたものです。このようなやり取りを子どもは大人になっても憶えているものです。ほかにも、たとえば幼稚園か小学校低学年ぐらいなら、毎朝の洋服を自分で選ばせるとか。

最近、レストランで注文を決められない男子が増えている、という話を聞いたことがあります。「失敗するのが怖くて選べない」「あとで後悔したくないから決められない」と言うのです。女子ではそのようなことはあまり聞かないのですが、こういうところにも性差が現れるのでしょうか。

お出かけのときに、電車で行くか、歩いてみるか、子どもに決めさせてみるのはいかがでしょうか。「歩く！」と言ったくせに、途中で「だっこ！」となることもありそうですね。それも子どもにとってはいい経験では。そういえば、電車の中で子どもが自らの意思で席を誰かにゆずったりしたら、親としても誇らしく、しあわせな気分になれそうですね。意思決定力を発揮した勇気ある行動です。

少し、大きめな決断としては、部活の選択もいい機会ですね。なにを選ぼうが親は口出ししないことです。そして、高校選びは重大な意思決定です。ぜひ、お子さんに選択権をあずけてもらいたいと思います。

ところで、高校選びは、親の同意がなければできないことをご存じですか？　中学三年生には自己決定権があたえられていないのです。それでも、お子さんの意思を尊重して、自分で決めさせるべき場面です。

長女の話です。勝手気ままな彼女ですが、高い自己肯定感と意思決定力には親としても感服しています。幼いころにとくにほめた記憶はないのですが……。

長女は遺伝子的にもっとも父親似です。ちなみに、顔立ちも似ています。ひとの助言に耳を貸さず、すべて自分で決めます。中学、高校のときは、勉強もろくにせずに遊んでばかりでした（だったと思います、妻によれば）。

希望の高校に合格したときに母親と抱き合って喜んでいたことも、その後、大学受験で浪人したことも、なんとなくしか記憶にありません。自ら希望して理工学部で生命科学を専攻したのに、なぜか就職先は銀行だったことも気にもかけませんでした。銀行では着実に昇進していったようです。

しかし、銀行の職場で婚約者に出会います。結婚により経済基盤を確保できると考えた娘は、給料大幅減を覚悟で、さっさと以前からやりたかった人材開発の会社に転職します。

婚約の報告に来たときに、婚約者の前でひとつだけ約束させました。頭に浮かんだことを口にする前に、3秒だけでいいから考えること。思ったことを単刀直入に投げつける彼女が穏やかな彼としあわせになるには、これだけは欠かせまい、と父親として初めてまじめに話しました。

それから1年、まったく守れていないようです。遺伝子の力はほんとうに強いな、と実感します。間違いなく、父譲りの遺伝子です。自分でも守れないことを娘に説教するとは、ぼくの身勝手遺伝子は誰から受け継いだものなのでしょうか。

意思決定を自分でできることが、しあわせな人生を歩む秘訣です。

自分の意思で決められること。それはなによりしあわせなことだと思います。子どもたちへのいちばんたいせつなメッセージは「君の意思は守られている」という保証なのです。

ぼくがこれまで出逢ってきた病児たちもしかり。彼らは命をけずるような苦しい検査や治療に立ち向かう。それを両親と医師だけで勝手に決めて、「さあ、がまんしなさい」「がんばろうね」と励ましたところで子どもの意思は置き去りにされたままです。

医療現場でも、子どもの自己決定権を何歳から認めるか、という議論がありますが、それを定めた明確なルールはありません。法的に遺言を書くことのできる年齢、つまり15歳を目安にする、というあいまいさです。

病気についての説明文書は、大人にだってなかなか理解できない難しい内容です。だからといって「どうせ、わからないだろうから」と本人を抜きにしてはいけない。その年齢の子どもにわかるようにかみ砕いて説明し理解してもらい、最終的には自分で決められるように医師は最大限の努力をするべきです。同意書に署名する、しないの話ではありません。

今思い返してもやるせない経験がありました。心臓病の子どもでした。6歳くらいだったでしょうか。手術をしなければ、確実に進行して死に至る病状でした。しかし、かたくなに手術を拒んで「絶対イヤだ、イヤだ。おれ死んじゃう」と駄々をこねる。それをなだめて手術室へ運びました。彼は二度と帰ってこなかった。おそらく子どもなりに、死期が迫る予感があったのでしょう。なぜ、手術を受けるか受けないかを自分の意思で決めさせてあげられなかったのか、ほんとうに悔やみました。

意思決定力は、よりよい人生を歩むための心の杖《つえ》でもあります。

ぼくの患者さんで、遺伝性の病気で次第に手足に力が入らなくなり、ついには歩くことも難しくなってしまった青年がいます。彼の武器は、意思決定力だったと思います。なにごともポジティブにとらえる性格で、進むべき道を自分の意思で選び、選んだその道をしっかりと歩む、あっぱれな男です。

発病したころはまだ中学生でした。野球部のキャプテンだったのですが、だんだん投球が難しくなり、センターからボールを返せなくなります。「先生、ボールが外野からホームベースまで届かなくなって」「ボールを握る手に力が入らなくて……」。それでもベンチから仲間を応援し続けました。そのときの達観したような態度を思い出すと、当時中学生だった彼に今でも尊敬の念がわいてきます。進行性の病気でやがては歩けなくなるかもしれないのに、海外の大学で学び、帰国後には障がい者雇用枠を利用して一流企業に就職、結婚もして仕事も順調です。ぐいぐいと、どんなことでも自分で決めていきます。それを承知して、ずっと支えてきた、ご両親の強さにも感服します。たとえネガティブな遺伝子を持っていたとしても、彼のような意思決定力があれば、困難にも打ち克《か》てる。そしてしあわせな人生を歩むことができるのです。

一度きりの人生だから、自分が自分であるために、ほしいものには手を伸ばし、そこまで歩いていこう。そんな彼の生き方に、ぼくはいつも、しあわせな人生の原点を見つけます。自分で決める力が、生きていくうえでどれだけたいせつなものか。ハンディキャップのない子どもを育てているおかあさん、おとうさんたちにも、ぜひ意識していただきたいのです。

子どもの習い事は、始めるときも、途中でやめるか続けるか迷ったときにも、最終的には自分で決めさせること。そうすれば、なぜそのような結果になったのかを自分で考えるようになり、自己責任の意味合いも感じ取ることになります。大人になってからも、自分の意思でなにかを決められること、決めたことを実行させてもらえることは、たいへんしあわせなことです。

あなたがもし、子どもにあれもこれもと多くのことを求めているとしたら、それは今の自分に満たされていないからではないでしょうか。

「違います、わたしは子どものためを思っているだけ」とおっしゃるかもしれません。でも、満たされている親が子どもに求めるものは、そんなにたくさんはないものです。健やかに、無事に、お友だちや自分のことをたいせつに思えるように。そのぐらいのささやかなものだとぼくは思います。

「こんなはずじゃなかった」「わたしはもっとレベルが高い人間なのに」という不満を子どもへの「期待感」にすり替えては、親も子もしあわせになれません。

「自分に自信が持てない」と心を閉ざしがちな子どもに親がしてあげられることは、

「あなたはあなた」と、折にふれ声をかけること。場面場面では親が口をはさむことがあってもいいのですが、最終的には「あなたが自分で決めていいんだよ」と保証することです。

子どもに最終的な決定権をゆだねることで、「親のいいなり」ではなく、親子のあいだに「議論と話し合い」が成立します。人生は選択の積み重ね。日常の中にある多くの選択の場面で、メリットやデメリットを伝えアドバイスはしても、「さいごに決めるのはあなた」という姿勢をつらぬいてみませんか。自分で決めたことをやらせてもらった、という経験を積み重ねていけば、子どもの自己肯定感と意思決定力は着実に強くしなやかに育っていくはずです。

上手な言葉がけをすることで、子どもの共感力は育ちます。

自己肯定感と意思決定力を身につけ強くしなやかに生きていくために、子どもに養ってほしい第3のチカラは「共感力」です。では、共感力（エンパシー）とはいったいなんでしょう。簡単に言えば、誰かの気持ちに寄り添い、自分のことのように歓んだり悲しんだりできることです。

子どもに共感力を持ってほしいと思うなら、まずは大人が子どもに共感することです。心から。

子どもが道で転んだとします。ひざがすりむけて血がにじんでいます。「痛いよ〜」と泣き叫んでいるわが子に、おまじないのように「痛くないよ、がまんできるよ！」と唱えるおかあさんがいます。気持ちはわかるのですが、それでは共感力は育ちません。「痛いよね、びっくりしたね、だいじょうぶ？」とその状況を代弁しつつ、共感の相槌《あいづち》を打ち、さらに心配しているよと伝える。このように子どもに心から共感できるのは、たいせつな母親力だと思います。

大人の悪い癖で、子どもの行動を大人の尺度で批評しがちです。子どもたちが求めているのは批評や常識ではないのです。子どもに寄り添った言葉がけが、共感力を育むことを知っておいてください。

共感することが苦手と言われる発達障がいを抱える子どもたちでも、かかわる大人がていねいに気持ちを代弁したり、寄り添う言葉をかけたりするうちに少しずつですが共感力が育まれていきます。

共感力といって最初に思い浮かべるのは、女の子たちの会話ですね。お友だちが着ている洋服をじっと見て「それ、かわいい！」と声をかけています。ちいさな女の子から成人女性まで「かわいい」が共通言語です。「かわいいね」と声をかけられたら、「ありがとう」と返事する。これが共感のお手本ですね。

なにか相手にうれしいことがあれば「よかったね」。

相手の持ちものや洋服を見て「それ素敵。かわいい」。

いつもと様子が違ったら「だいじょうぶ？」。

女性の会話には、共感を生むフレーズがたくさんちりばめられています。

女性たちが日常的に「共感」をコミュニケーションの基本手段に使っているのに対して、男性の共感力は女性に比べて弱く、自己肯定感も傷つきやすく折れやすいのです。これも遺伝子が決めた個性のひとつといえます。

ひとさまの気持ちを感じ取るのが苦手な男たちも、たとえば自分が応援するチームや選手が出場するスポーツ戦では、共感力つまりエンパシーがフル稼働するのです。ルールにしたがって競い合い、勝敗を決める、という構図が、社会的なルールを重んじ、努力を重ねて競争に勝つ、ということを直感的に好む男性にとってわかりやすいものなのです。

冬季オリンピックで、逆風にあおられて失速したジャンプ競技の選手がいれば、一緒に悔しがり、もらい泣きすることもあります。誰かのミスに心を寄せ、メダル獲得に快《かい》哉《さい》を叫ぶ。その一瞬一瞬がエンパシーにあふれています。勝負の行方もさることながら、エンパシーを味わいたくて声援を送っている人もたくさんいると思います。

サッカーや、ラグビーなどのワールドカップでも、なぜ、あんなにも観客が熱くなれるのでしょう。決定的なゴールの瞬間には、知らないひととも肩を抱き合って歓びますよね。男女にかかわらず、あれが共感力なのです。

よく「男の子は宇宙人みたいだ」と、戸惑うおかあさんがいますが、そこは「ふ〜ん、そうきたか」と見守るほうがうまくいくのです。よけいな言葉とか、説教めいた話は響かない。うまいタイミングで「ん？　それで？」「どうしたのかな？」と相槌を上手に打てば、宇宙人の息子が地球におりてきてくれます。ほめるときもあまり難しく考えないで「そうだね」「やったね」「そのとおりだね」と共感をこめればいいのです。

共感力を高めるマジックワードをひとつだけ選ぶとしたら、「だいじょうぶ」だとぼくは思いますね。語尾を少し上げて気づかう心を伝えてもいいし、やや下げて励ます気持ちを伝えてもいいと思います。

おかあさんは女性として生まれ持った共感力を駆使して、男の子の共感力が高まるように声をかけ、見守ってあげましょう。「息子の気持ちがわからない」という悩みから解放されるきっかけになるかもしれません。

親だけでなく、育児をする人みんなが健康でいることが大事です。

子どもが健やかに育つためにかかせないことの筆頭は、ケアギバー（育児を担当する人）が心もからだも健康であることです。子どもを支える人が病んでしまったら、子どもはたちまちよりどころを失ってしまいます。ときには病気になってしまうことだってあります。

子育ては体力を消耗します。新生児のころは人生最強の睡眠不足におそわれ、産後の肥立ちが悪かろうが、腰痛がひどかろうが、おかまいなしに「おっぱいだ」「ミルクだ」「眠い」「だっこしろ」「暑い」「寒い」と泣いてうったえます。寝返りやハイハイが始まると、こんどは片時も目が離せなくなりますし、歩くようになってからもしかり。子育ては体力勝負、といってもいいと思います。

いっぽう、ケアギバーの心の健康はさらに重要です。母親として子どもに自然に愛着を感じ、深い愛情を注ぐことは、心が安らかであればこそできることです。

以前、母親から「無関心」というネグレクト（育児放棄）を受けた男の子が入院していました。その子は「愛情遮断症候群」に陥ってしまい、4歳まで身長も体重もほとんど増えず、脳の成長も止まっていたのです。この子のお話は最終章でもう一度くわしくさせてください。

ネグレクトや愛情遮断症候群とまでいかなくても、産後に抑うつ状態になってしまう母親は一定数います。懐妊から出産のあいだにめまぐるしいホルモン分泌レベルの変動が起こり、そこに昼夜を問わず新生児をケアするための睡眠不足が容赦なく加わります。ましてや第一子ともなれば、なにもかもが初めての経験ですから、不安がどんどんつのってしまうことでしょう。人生最大のストレスとしあわせの絶頂がないまぜになって、抑うつ状態からうつ病になることも決してめずらしくないのです。そうすると、かわいい盛りなのに赤ちゃんをまったくかわいいと思えない。

「こんなわたし、おかしいんじゃないか？」「こんなこと誰にも相談できない」と、どんどん自分を追いつめてしまうのです。

子どもを産んだばかりのおかあさんの心やからだをケアするのは、保健師さんだったり、産科のスタッフだったり、ご家族だったり。もしよろしければ、ぼくたち小児科医にも相談していただいていいのです。アメリカ小児科学会の講演で、ヒラリー・クリントンさんがまさにその点を強調しています。彼女は「子どもの健康のためには両親の心とからだの健康が必須であり、それを守っているのは小児科医」とスピーチしたのです。追い詰められた気持ちを誰かにさらけだすだけで、すうっと心が軽くなるかもしれませんよ。

おかあさんだけではなく、子どもが生まれてからおとうさんが悩みを抱えることもあります。赤ちゃんの夜泣きに悩まされて、翌朝の仕事に差し支えると妻に言うと、「あなたも親でしょう」とものすごい剣幕でなじられてしまい、帰宅するのがつらくなったというひともいます。

また、ケアギバーの助っ人的なおばあちゃんのからだの悩みもよく耳にします。孫はかわいいけれど、男の孫の元気さについていけず、このままでは倒れそう。体力的に自信が持てなくなったというひとがいました。孫のためにおばあちゃん自身の健康が損なわれては、孫のケアどころではなくなってしまいます。こういうときは、地域の子育て相談窓口でケアギバーの休息日がつくれるように、相談してみることをおすすめします。

小児科医のぼくからくり返しお伝えしたいのは、子どもの健やかな成長を願うなら、おとうさん、おかあさん、そしておばあちゃん、おじいちゃんも、ケアギバーのみなさんは、どうか心もからだも健やかにおすごしください。手のかかる子どもがいると、自分たちのケアはつい後回しになりがちですが、子どものためには、まずご自身の健康管理を心がけていただきたいです。

男と女は平等ですが、特性は違います。子育てには、それぞれ出番があります。

子どもの遺伝子はおとうさんとおかあさんから半分ずつもらったものです。それなのに子どものことで気に食わないことがあると、「おまえに似たんだろう」「あなたのほうじゃないの！」。夫婦ゲンカの定番ともいえるやりとりです。

子どもを育てていると、おかあさんの意見とおとうさんの意見が対立してしまうこともよくありますね。

男と女。からだつきも違えば、物事のとらえ方も違います。これは後天的な要因よりも、遺伝子の男女差によるものが大きいと思います。現代では女性の社会進出がすすみ、待遇や給与面での男女差はちいさくなってきました。とはいえ、建前では「同じ」でも、得意なことはそれぞれ違います。子どものころの得意科目を見れば、男女の差がよくわかります。男の子は理科の実験や社会の地図づくりに優れ、女の子は、読書感想文が上手で漢字テストも自信があったのではないですか。理系と文系。どちらもそれぞれによさがあります。余談ですが、かつて医学は、自然科学の分野でしたが、しだいに人文社会学へと移行しています。病気が起こるメカニズムを突きとめたり、科学的で正しい診断や治療を行うことも不可欠の技能ですが、患者の話を傾聴する共感力や相手を納得させる説得力が問われているんですね。ＡＩ（人工知能）にはできない能力が求められています。

子育てにおいても母性と父性がそれぞれのチカラを発揮する場面があります。

たとえば、子どもが「もう学校に行きたくない」と不登校になったとしましょう。男親は「社会のルールに則《のっと》って、みんなと同じ」にこだわる傾向があります。つまり、なんとか登校するように子どもを説得しようとします。いっぽう女親には、たったひとつの事実を根拠に物事を判断する強さがあります。「だって、あの子は行きたくないって言ってるんだから。理由があるはずでしょ」と直接見聞きしたことを根拠に主張します。

男は社会的な秩序を第一に考え、多数決に傾きがち。女は一点突破、直感や感受性を重視します。子どもを育て、成長を見守り、そして後方から支えるには、この男と女の両方の思考がバランスよく必要なのです。

ところで医学の世界では、エビデンスと呼ばれる医学的根拠を重視します。そのなかで、ぼくの友人でもある著名な脳外科医のエピソードを紹介しましょう。

彼は、あらたな治療法によって難しい脳疾患が治った、と主張します。しかし、医学界では、成功した患者の数が少なすぎる、つまりエビデンスがないとみなされて、なかなか認められないでいました。

でも彼はこう言いました。「猿が空を飛んだ」と。

「猿は空を飛ばない」という常識をくつがえすためには、たった1匹の猿が空を飛べば十分だ、と。なかなかの名言でしょう。

彼は中国生まれのインド人で、アメリカで教育をうけました。そのような遺伝子と環境要因の組み合わせによって、柔軟でユニークな考え方を身につけたのでしょうか。

女のひとには、「猿が空を飛ぶのを見た」というように、たった1回の自分の体験を、確かな手ごたえとして感じ取り、それを根拠に物事を推し進めるチカラがあります。それは子どもを守るときにも、大いに発揮される〝女力〟でしょう。母性という素晴らしい素質は、生まれながらに遺伝子によって授けられています。もちろん男性の中にも少なからず母性はあります。いっぽう、父性はむしろ社会のなかで育まれてゆくものかもしれません。〝父性の生まれ故郷〟は人間社会かもしれませんね。女の子でも男の子でも、母性に守られ自己肯定感、意思決定力、そして共感力を育み、社会に育てられて父性をふくらませていくのでしょうか。

たいせつな子どもの将来を思うがゆえ、おとうさんの考えとおかあさんの判断が衝突してしまうことがあります。おとうさんは多くのデータを根拠に長期的な視点で客観的にものを考えがちなのに対して、おかあさんは実際に目の前で起こっている具体的な出来事を根拠に直感的に判断する傾向があります。

男親「ちょっと考えてもみろよ」と、女親「だって見てもごらんなさいよ」の静かな戦いですね。

遺伝子のシナリオという観点からは、男と女の思考回路は相当に違うものだと思えてきます。もっと寛容に「そういう考え方もあるね」と相手の意見に耳を傾けて、共感できたら、話し合いそのものがとても有意義なものになると思います。

子どもの心が開きやすくなる、ちょっとしたコツをお教えしましょう。

現役のアメリカ合衆国大統領としてバラク・オバマさんが初めて被爆地の広島を公式訪問したときのことは、まだ記憶に新しいと思います。全世界へ向けた感動的なスピーチをしましたが、かつてオバマ前大統領はスピーチ中にまばたきが多いと指摘され、修正するトレーニングをうけたそうです。

人知れずまばたきのクセを修正したオバマさんは、やがて世界中のひとびとを感動させるスピーチの名手になりました。まばたきといえば、ぼくの身近に「まばたきがすごいな」といつも感じさせる女性がいます。ぼくの妻です。

妻のまばたきは、ぼくに比べるとスローモーションのようです。写真はたいてい目をつぶった失敗作です。このゆっくりした「まばたき」に、相手の心をそっと解きほぐすような力を感じます。妻の〝まばたき力〟は、生まれつきの才能、遺伝子の力で身についているもののように感じます。

人の前に立ちスピーチをすることは、トレーニングを積んでも緊張し、ついつい持って生まれた〝個性〟がでるものです。ぼくも講演会や研究会で壇上からお話しさせていただく機会がありますが、「早口でたくさんしゃべりすぎ」と指摘されます。もちろん、ぱちぱち素ばやく、たくさんまばたきしながら。

たかが、まばたきなのですが、意識して「ゆっくり」やってみると、目力《めぢから》がつくというか、「このひとになら、ほんとうの気持ちを話してもいいかな」と思わせるなにかが宿るかもしれません。反対にぱちぱちぱちとまばたきをくり返すと、相手に不信感、不安感を与えるものです。

子どもになにかたいせつなことを伝えたいときは、鏡の前でゆっくりまばたきする練習をしてから、話してみてはいかがでしょう。おかあさんがゆっくりとまばたきすることで、学校であったイヤなこと、恥ずかしくてなかなか口にしにくいことも「話してみようかな」と思える心のゆとりがお子さんに生まれるかもしれません。

妻がゆっくりとまばたきをしながらぼくの話を聴いてくれると、仕事の疲れもしがらみも、すうっとほどけていきますね。大人の男でもそうなのだから、子どもたちにはもっと効くのかもしれませんね。

ぜひ、子どもとの関係に行きづまったら「ゆっくりまばたき」をお試しください。もしかしたら、子どもたちだけでなく、おとうさんにも喜んでもらえるかもしれませんよ。

第4章

病児とのかけがえのない出会いが教えてくれたこと

小児科医として、多くの病児と巡りあってきました。子ども自身が本来持つ力と環境の力を思い知らされたこともたびたびです。子育てに悩むおかあさん、おとうさんにも知ってほしいことです。

母親の愛情から遮断された少年。それでも生き続けた〝親思いの遺伝子〟。

ぼくら小児科医は子どもたちのからだや心を守るのが仕事ですが、ときには彼らからたいせつなことを教わったり、明日に向かう勇気をもらったりしています。

天に召された子どももいれば、生きぬいて大人になり社会で活躍しているひともたくさんいます。そのなかで、苛酷な試練にめげず、懸命に人生を切り拓いているひとびとのお話をさせてください。遺伝子の力と環境の力、その応酬を感じずにはいられないはずです。

ある日、〝低身長〟を理由に、4歳の男の子、Rくんが来院します。よくみると体重もほとんど増えておらず、ここ1年は少し減ってきているようです。

当初は、成長ホルモンの不足や心臓病などの重い慢性疾患、あるいは染色体や遺伝子の異常による低身長かと思われましたが、それらはいずれも原因ではありませんでした。

そこである事実が明らかとなります。彼のおかあさんはRくんが生まれてから間もなく、彼にまったく関心を持てない自分に気づいていたのです。そこにいる〝子ども〟を自分が産んだのだ、という実感がわかなかったのです。家も食事もベッドもあたえられていたのですが、愛情は一切、あたえられていませんでした。皮膚などに傷や青あざはなく、からだじゅうを調べましたが骨折は見つかりません。幸い、暴力がくり返された痕跡はありませんでした。

やがて「愛情遮断症候群」という診断がつきました。

〝母子分離〟を目的に、まずは入院していただきました。病院がRくんを保護したかたちになります。母親との面会は一切許可されません。母親は母親で、別に外来で治療を受けることになりました。

能面のように無表情で、誰とも話したがらない子でした。目も合わせようとしません。話しかけても、ごろんと寝返りをして、そっぽを向いてしまいます。

入院当初にはそのような子はめずらしくないのですが、何日たっても、Rくんは誰ともコミュニケーションをとろうとしませんでした。お家でも、このような状態でいたのか、と思うと胸が痛みました。

さて、入院環境が家庭とはまったく異なるものであることは、容易に想像できると思います。Rくんの場合のように、親の面会がまったくない状況ではなおさらです。

そこで、長く入院する子どもたちのために、ぼくたちもできるかぎりのことをします。医師やボランティアが勉強を教えます。七夕まつりでは若い看護師や医師が歌をうたい、紙芝居をします。クリスマス会ではサンタクロースがトナカイくんと一緒にやってきます。それでも、残念ながら温かい家庭環境とは雲泥の差です。

Rくんの場合、3回の食事にはすべて小児科医か看護師が寄り添いました。無視されても、食事中はいろいろと話しかけます。病棟保育士、臨床心理士もそばにいます。声をかけ、時間の許すかぎり一緒に遊びます。いつも誰かがRくんのことを気づかい、目と心を配っていました。

とても快適な入院生活とは言えませんでしたが、ぼくらも、入院中のほかの子どもたちも、Rくんのことが大好きでした。やがて彼は人気者になったのです。

その間、彼にとってつらいこともたくさんありました。

元気に入院してきたやさしい年上の女の子が、みるみる具合が悪くなり、食事もとれなくなり、蒼ざめた顔で一日中、横になっています。もう一緒に遊んでくれることもありません。そして髪がすべてぬけ落ちます。

同じ部屋にずっといた、いちばんの仲良しだった年上の男の子。「絶対イヤだ、イヤだ。おれ死んじゃう」と言いながら、Rくんを残して、病室から出ていったきり二度と帰ってくることはありませんでした。

病院とはなんておそろしいところだ、と感じたはずです。

それでも、約2年間の入院生活のあいだ、Rくんの身長はぐんぐん伸び、体重も順調に増えていきました。ぼくたち医療スタッフや病棟の子どもたち、たくさんの仲良しができました。2年かけてやっと〝ふつうの子〟になったのです。

もうひとつぐんぐん大きくなったものがあります。

頭囲です。入院するまで伸び悩んでいた頭囲が、病院生活を経て正常になっていたのです。つまり、愛情がない環境に生きることで、脳の発育が止まっていた、ということです。

栄養失調の状態にあるアフリカの子どもでさえ、頭の大きさは正常な数値で、目はキラキラ輝いています。栄養失調でもなく、温かい布団で眠ることができても、Rくんの脳は傷めつけられていたのです。〝無視されること〟のなんと邪悪なことでしょうか。親の愛がどれだけの力を持っているのか、その欠如がどのようにおそろしい牙をむくのか、身に沁みました。

そしてついに、Rくんは退院の日を迎えます。

しかし、母親の状態はよくありませんでした。

やがて養護施設での生活が始まります。

そして、小学校に入学する日、社会への〝脱皮〟の日です。彼のそれまでの人生が社会的胎児期と呼べるものであったのか、ぼくたちは自信がありません。それでも人生の門出です。施設からの通学になりますが、それでも晴れがましい入学式です。

当日、おかあさんは数年ぶりの面会を許可されて、入学式に参列することになります。どのような思いで小学校に足を運んだのでしょう。不安、後悔、懺悔《ざんげ》、それとも歓び？

そんな母親を待ち受けていたRくんから出た最初の言葉は、

「おかあさん……よかったね！」

なぜ、その言葉を？

ぼくたち小児科医チームは、病院から退院するとき彼にうそをついていたのです。

「おかあさんはまだ重い病気なんだ。だから、あとしばらくきみは施設でお友だちと暮らそう」と。

そうなのです。

Rくんは施設にいるあいだ、ずっと考えていたのでしょう。

「そっか！　おかあさんと会えないのは、おかあさんの病気のせいだったんだ」

そして入学式の日に数年ぶりの再会をはたし、彼はこう理解したはずです。

「あっ！　おかあさんだ……ということは、おかあさんの病気がよくなったんだ」

愛情をもって母に受け入れられるという経験が一度もなかったRくんの心のどこに、おかあさんの病状を気づかい、再会の日を待ち続けるだけの温かさが宿っていたのでしょうか。子どもが母親を思う遺伝子が、静かに、じっと、しかし確実に機能しつづけていたとしか思えません。脳が委縮するほどの逆境でも、遺伝子の力は息づいていたのです。病気によってこの母親の母性は失われていたかもしれませんが、息子の〝親思いの遺伝子〟はきちんとあったのです。

愛情遮断によって縮んだ脳の奥から、入院当初のあの無表情のかげから、親思い遺伝子はじっとRくんを見守りつづけていたのです。

環境はおそろしい、されど遺伝子は強し、と、身震いする思いです。


「ネグレクトなんてわたしには関係ないわ!」

そう言いきれるでしょうか? ちょっとしたきっかけで、子どもに関心が持てなくなっていたかもしれない。それは誰にでも起こりうること。

おかあさんだって人間ですから、失敗もするし、がまんしきれずに子どもに手をあげることだってあるかもしれない。ただ、どんなときでも「無関心」だけはダメです。目がまわるぐらい忙しくても、スマホでママ友とメッセージ交換するのに夢中でも、夫婦仲が悪くケンカが絶えなくても。子どもへの関心だけは、なにがあっても絶やさないでください。

小児白血病を克服し、母となった女の子。母として絶対に失いたくないものとは。

小児白血病の治療中に合併症で髄膜炎を起こし、ぼくの外来に通い続けている30代女性、Sさんのお話です。

中学生のとき白血病になり、ぼくらの病院に入院してきました。つらい治療や、髄膜炎という最重症の合併症も乗り越え、今では、白血病は完治、手足の麻痺もありません。白血病を克服して以来、彼女は思う存分、人生を謳歌《おうか》してきました。大変聡明な女性で、大学生活、海外留学、就職を経て、母になり、やさしい夫、2人のお子さんにも恵まれたのです。

そんなある日、突然、やけにふさぎ込んだ顔で、診察室にやってきました。

「ハネムーンの写真を見ても、楽しかったはずなのに、実感がわかないんです」

少しずつ少しずつ過去の記憶を失いはじめていたのです。むかし受けた白血病治療の合併症が、今ごろになって記憶障がいを引き起こしていると思われました。

さて、Sさんが失うことをもっとも恐れていた記憶とはなにだったのでしょうか?

「今、こんなにも愛おしく思って子どもたちを育てているのに、この子たちが大人になったころに、わたしはそのことをすっかり憶えていない。だから、このしあわせな気持ちを、素晴らしい思い出として、未来のわたしは子どもたちに伝えることができない。それだけはなんとかしたい。先生、治せませんか」

育児の思い出が消えていくことだけは食い止めたいと涙を流します。

それほど、今の生活はしあわせに満ちているのでしょう。彼女の深い悲しみは、自分の記憶が失われることではなく、この素晴らしい時間のことを、将来、子どもたちに伝えることができない、ということにあったのです。

白血病、抗がん剤、放射線治療、髄膜炎、てんかん発作、これだけ多くの困難を、困難とも思わずに乗り越えてきた彼女が、母としてこの喜びを、子どもたちに自分の言葉で伝えられなくなる、という試練には堪えがたい絶望感を抱いているのです。

驚きました。これが母性なのかと。

子どもたちは、幼かったころのキラキラした思い出や、どれほど深く愛されて育ったかを、母の口から直接、聞くことはないでしょう。しかし、おかあさんの愛に包まれて育ったという記憶は、遺伝子にもくっきりと刻み込まれるものです。40代、50代になって育児体験などすっかり忘れてしまったSさんに、子どもたちのほうから、素晴らしい思い出話をしてくれることは間違いありません。おかあさんの思いは、すでに子どもたちに受け継がれているので、心穏やかに子育てを楽しんでもらえばいいのです。今がしあわせなら、未来もきっと温かなものですよ、と伝えました。

かつては不治の病といわれた小児がんも、助かる見込みのなかった超未熟児も、医学のめざましい進歩で、多くの命が救われるようになりました。治癒率が上がったことに伴い、ただ命を助けるだけではなく快復してからの生活を考慮するようになりました。ぼくたち小児科医の仕事は、子どもたちが困難を克服し、恋をして、結婚もして、子どもを産み、育て、しあわせな人生を手に入れるまで見守っていく。長いスパンでかかわっていくことだと思います。

死期が迫り、天使となった少年。最期に手にした父性の輝き。

もう少しだけ病院で出会った子どもたちの話につきあってください。彼らが懸命に生きた証しは、そのまま子育てに悩むおかあさん、おとうさんたちへのメッセージになると思います。

賢くて、勇敢で、天使のような子どもたちがいたことをここに記しておきたいと思います。

小児病棟には、小児がんや心臓病など、命にかかわる病気と闘う子どもたちが入院してきます。入退院をくり返して、最後に力尽き果てて病院をあとにする子どもたちを、小児科医として何度も見送ってきました。こればかりは、何度立ちあってもつらくて悔しい。慣れることはありません。

「死ぬことを悟った子どもは、みな天使のようになりますね」

ぼくの大先輩の言葉です。

Kくんは、聞き分けのない、やんちゃな子でした。悪性腫瘍にかかり長いあいだ、入退院をくり返していました。病棟では就寝時間を守らず、看護師さんたちにも大きな声で口答え。廊下を走りまわっては怒られてばかり。つり目のきりっとした顔立ちの男の子でした。抗がん剤治療中も元気いっぱいで暴れまわります。

ある日、そんなKくんが「おれ、死ぬ前にハワイ行きたい」と夢を語りました。死ぬことをどのように悟ったのでしょうか。当時、小学校低学年の年齢でしたが、おそらく主治医がはっきりと「これ以上の治療は難しい」ということを本人に伝えたのでしょう。その後間もなく、病児の願いをかなえるプロジェクトに応募し、残された体力を振りしぼって夢をかなえました。命にかかわることで、意志決定力を発揮したのです。

小児病棟では15歳未満の兄弟の面会は許されません。感染症が持ち込まれることを避けるためです。しかし、死期の迫った子どもの場合は例外です。病棟の通用口経由で、厳重な感染対策をしたうえで面会が許可されます。

Kくんの弟がほんとうに久しぶりに兄貴に会ったのはそのような配慮によるものでした。つまり、お別れの面会です。

おかあさんはその事実が哀しくて、せつなくて、Kくんと弟を前に病室で嗚咽《おえつ》をこらえていました。

そのとき、Kくんが母親に言いました。

「かあちゃんがメソメソしてたら、おれは安心して死ねねえよ」

「ボーッとしてないで、あいつ（弟）の好きなハンバーガー、買ってきてやれよ」

男の子ならではの父性が芽生えた瞬間だったのでしょう。

彼が亡くなったのは、それから間もなくのことでした。

どんなにやんちゃで、ぼくたちをてこずらせた子どもでも、最期はみんないい子になる。

子どもの心には、遺伝子が描いた天使が住んでいるのでしょうね。健康な子どもでも、生まれつきの障がいを持っている子どもでも、重い病気にかかった子どもでも。

子どもたちはきれいな心で、じっとわれわれ大人の振る舞いを見守っているのかもしれません。天使たちをぞんざいにあつかうとばちがあたりますよ。

特別対談

「最高の子育て」とは？

お相手 高濱正伸氏
（「花まる学習会」代表）

上手な「褒め方」と「叱り方」

高橋孝雄（以下、高橋●）　ぼくには3人の子どもがいますが、妻がほぼワンオペレーションで育ててくれました。長女と対面したのは生後4日目のことでした。当時、担当していた患者さんが命にかかわる重篤な状態で、病棟を抜け出して生まれたてのわが子に会いに行くのは不謹慎なことのように感じられたのです。

ろくな育児経験もないそんなぼくが、あえて子育てについて話すのは、病気と闘う子どもたちとそのおかあさんたち、おとうさんたちが身をもって教えてくれたことをみなさんにも伝えたいからです。

高濱正伸（以下、高濱○）　うちには車椅子に乗った重複障がいを抱える自慢の息子がいます。24歳になりましたが、風がそよぐだけでうれしくて楽しくて、声を上げて喜びます。わたしが講演などで話す子育ては、これまで何万人ものおかあさん、おとうさんが熱心に書いてくださった膨大な数のアンケートがもとになっています。

高橋●　高濱先生の率いる「花まる学習会」は、いわゆる先取り教育、知識を詰めこむ学習塾ではなく、サマーキャンプなど自然のなかでの体験を重視しておられるそうですね。うちの医学部の学生にも、花まる学習会出身者がいました。

高濱○　それはありがとうございます。医学部に進学する子もけっこういるんですよ。

高橋●　本書のなかで、子どもの褒《ほ》め方、叱り方について書いたところ、思いのほか反響がありました。発達に特性のあるお子さんには「ひとつ叱る前に、9つ褒めてくださいい」と、アドバイスしたのですが。

高濱○　ああ、それはいいですね。わたしがおかあさん、おとうさんにお話しするのは、褒めるタイミングについてなんです。子どもがそのとき、いちばん課題だと思っていることをクリアした瞬間に「できたね、すごいね」と褒めてあげる。

高橋●　それには子どもをよく見ていないといけませんね。

高濱○　そうなんですよ。自転車に補助輪付きでしか乗れない子どもがいて、「ぼくだけ乗れない」といじけていたとします。その子がようやく初めて補助輪なしで転ばずに走れた日に、「うわぁ、乗れるようになったんだね」と褒めてあげられたら、もう、これが最高！　反対に仕事で忙しいおとうさんが、たまに勉強を見てあげて「おお、二桁の計算ができるようになったんだ、すごいな」と褒めたつもりが、「それ、2か月前にはできていたよ」では、「ぼくのことちっとも見ていないじゃないか」となるんです。

褒めるためには、その子のことをよく見て、心に寄り添っていかないと。そこは甘くないですよ。教育の現場でもそれは実感しています。

高橋● 叱るときはどうですか？　ぼくは「叱る」と「怒る」は違うと伝えてきました。叱っているつもりでも、たいがい怒っているだけ。

高濱○ はい、感情的になっているだけですね。

高橋● 〝叱る〟は、〝躾《しつけ》〟でもあります。〝怒る〟との違いに気づかず、きびしく叱っている。これは躾だ、と勘違いすることは避けたいですね。

高濱○ わたしが理想とする叱り方は、「きびしく、短く、後を引かない」この3つ。「ならぬものはならぬ」と、ダーンと叱る。

高橋● わかりやすいですね。危険を伴う行為に対しては心を込めて、しっかり叱る必要があります。駅のホームや交差点で走りだしたら、「ダメ‼」と。叱るときにたいせつなのは、高濱先生がおっしゃるとおり、後を引かないこと。次の日になって「昨日は音読の宿題しないで遊びに行っちゃったでしょ、もぉー」とか、「学校からのお便り、また置いてきちゃったの？　先週もその前もそうだったよね」とかと、過去の話を持ちだしても効果はありません。「うるさいな〜」と聞き流されるだけでしょう。

〈対談お相手〉

高濱正伸（たかはま・まさのぶ）

1959年熊本県人吉市生まれ。県立熊本高校卒業後、東京大学へ入学。東京大学農学部卒、同大学院農学系研究科修士課程修了。1993年「花まる学習会」を設立、会員数は23年目で20,000人を超す。花まる学習会代表、NPO法人子育て応援隊むぎぐみ理事長。算数オリンピック作問委員。日本棋院理事。ニュース共有サービス「NewsPicks」のプロピッカー。武蔵野美術大学客員教授。環太平洋大学(IPU)特任教授。「情熱大陸」などTV出演多数。

高濱○　最近の子育ての風潮で、「褒めて育てるか」あるいは「きびしく育てるか」――どちらがいいかわからない、というおかあさん、おとうさんもいるそうですが、それは両方に決まっています。「褒める」をテーマで1時間、「叱る」をテーマで1時間、講演できますから（笑）。躾とは、朝、ちゃんと決まった時間に起きるというような、生理学的に反した苦しいこと。どこで人間がダメになっていくのかと考えたら、だいたいは朝、起きられなくなっていく。

高橋●　朝、起きられないのは、起立性調節障がいや子どもの抑うつ症状など、生活習慣の改善だけでは対処できない疾患が隠れていることもあるので一概には言えませんが、生活リズムが極端な夜時間中心になっているときは、まずは子どもの訴え、事情に耳を傾けていただきたいです。

高濱○　たとえば、入試とか目的があることを達成できる人とできない人がいるのは、やると決めたことをやり遂げるか、「今日はちょっとムリかも」と言いながらＬＩＮＥとかゲームとかに逃げちゃうのか。あれは朝、起きられないのに近いと思います。やるべきことを習慣化してあげましょうというのが、躾です。たとえば、朝と寝る前に歯を磨く。動物は歯磨きはしないけれど、ご両親が躾けてくれたから、毎日歯をきちんと磨くことができていると思うんです。うそをつかないとか、約束は守るとか、そういうことは、理屈ではなく「なんで？」と子どもに聞かれても、「おとうさんとおかあさんは、こう信じているから、やってくれ」とゆずらない。もう、決意に近い。そこに正解はないんですが。

高橋● きびしくしたほうがいいかどうかは、それぞれの場面によって決まるはずです。「うちは押しなべて、きびしくしています」「うちは甘いよね」という全体方針ではなく。

高濱○ きびしく叱るときは、終わったら「大好きだよ」とギューッとハグして、くっつくといいんです、子どもと。叱って失敗するのは、口だけでギャーギャー言っちゃうこと。子どもだって「そんなの聞いてないよ」と反発するし、「え、言ったじゃない！」と親もますます感情的になる。子どもの脳みそって、共感してもらって、うなずいてもらって、ギューッとされるのが好きなんですよ。それなのに「理」だけで言って聞かせようとして、失敗する親が多いんですよ。最終的に「この人、ぼくのことが、わたしのことがほんとうに好きなんだ。だから叱ってくれたんだな」ということは、ちっちゃい子でもわかるんですよ。

高橋● むしろ、ちっちゃい子のほうがギューッの価値がわかるでしょうね。大きくなれば、言葉だけでも親の真意は伝わりますから。

子育てに「目論見」はいらない

高橋● 高濱先生の話を反芻《はんすう》しながら思ったんですが、子どもを褒めたり、叱ったりするのは、どうしてなのだろうと。

高濱◯ それは、「彼らの将来のため」ですよね。

高橋● そのとおりなんですが、ぼくは褒めたり、叱ったりするとき、いちばんたいせつなのは、目論見を持たないことだと思うんです。

高濱◯ 目論見ですか?

高橋● そう。大人が子どもを叱ったり、褒めたりするときは、たいがい「この失敗をなにかに活かそう」「ここで褒めれば次はもっとがんばるだろう」と、そこには目論見があることが多い。そうではなく、起こったことにその場で共感して〝子どもが思っていることをそのまま言葉にしたらいい〟とぼくは思うんです。テストの点数がよかったら、子どもだって「やった！」と思っているはずです。それを素直にリフレーズして「ほんとうによかったねぇ」と。あるいは友だちとケンカして気まずくなったりしたら、子ども自身が後悔していないわけがない。それもリフレーズしたらいいんです。「やめときゃよかったよね。後悔してるんだよな」って。テストの例では「ここで褒めれば、これからもしっかり勉強するだろう」「この程度の成果に満足しないように褒めるというより励まそう」、ケンカの例では「この失敗を活かして再発防止に役立てよう」「こんな問題で三者面談になるのはこれきりにしたい」と考えてしまうと、そこには〝目論見〟が見え隠れするんですよ。

高濱○　あ、それ、すごくわかります。

高橋●　親が、大人が〝教育〟と呼んでいることには、たいがい目論見、目的がある。人気の学校に入る、安定した暮らしを手に入れる、人格者になって人望を集める、なんてことも、みんなそう。目的を達成すると、次はもっと高い目標に更新されて、それを達成するためのプレッシャーが迫ってくる。そんな育て方は、教育って言わない気がするんです。

高濱○　そういう指導者が多いですね。難関校にたくさん合格させて実績があると、こまごまとこの学年ではこれをやっておけば伸びるから、と指導する。それを鵜呑みにしちゃうおかあさん、おとうさんは危ないです。それで中学受験しても志望校に合格しないと、おかあさんがどよ〜んと落ちこんじゃう。この状態が非常によくないんですよ。

高橋● 「褒めて伸ばすのがいいか」と問われたら、「伸ばす」という目論見をお捨てなさい、とお伝えしたいですね。もし、子どもを上手に褒めたいのなら、喜んでいる子どもに共感し、子どもの気持ちを言葉にする、つまり単純に〝代弁〟すればいいだけです。

高濱○ そうですね、ほんとうに。

高橋● 〝子どもの代弁者〟と呼ばれる小児科医として、それだけは代弁しておきたい！

高濱○ それは教育界でも同じなんです。名人みたいな人は、そこがうまいんですよ。たとえば、ごみを捨てさせたいけれど、やらない子がいるとします。「じゃあ、じゃんけんで負けたほうが持っていくことにしようか」と持ちかける。子どものほうも「いいよ」と。ところが、子どもがじゃんけんで負けたのに、ごみを持っていこうとしない。「なんで持っていかないのよ、決めたじゃない、ルールでしょ?」と責めたところで、子どもは動きません。さて、名人はどうしたでしょう？　答えは「じゃんけんで負けて悔しかったねぇ」と言ったら、子どもはごみを持っていったのです。

高橋●　なるほどね。

高濱◯　いまのこの子だけに集中して、この子はこう思っているんだなと思ったことを言葉にしてあげれば、子どもは素直に動くんですよ。

高橋●　「この人、わかってくれてるんだ」と、子どもは感じるんですね。それが子どもにとっていちばん受け入れやすい褒められ方、叱られ方なのでは。

「母性」と「父性」のたいせつさ

高橋●　本書でも、母性と父性について書いたんですが、小児科医を40年以上やってきて、これはもう永遠のテーマです。男と女、おとうさんとおかあさん、父性と母性、その違いや特性について書くと、書評やレビューで叩かれる（苦笑）。でも、ある意味、ここは小児科医としてゆずれないところです。家庭、家族の機能を考えるときに、明らかにおとうさん、つまり父性とおかあさん、つまり母性には、それぞれに異なる役割、出番があるんですから。

高濱○ 違うからいいんですよ。

高橋● たとえば、おかあさんは母性にあふれていることが多く、子どもを包み込むような愛情に満ちあふれている。でも父性も同時に持ち合わせているのです。男性は一般に父性が強いけれど、もちろん母性も持っている。母性と父性の〝配合比率〟は人それぞれ、その時々です。シングルファーザーとして子どもを、それも病気を持った子どもを育てているかたを知っていますが、母性にあふれていることがひしひしと伝わってきます。人間は母性と父性という素晴らしい2つの特性を持っていて、男性と女性ではその配合比率に違いがある。そして、その比率はその人がおかれた状況によってもしなやかに変化するとぼくは思います。

高濱○ 子どもを無条件の愛情で「世界中の誰よりも、この人はわたしのこと、ぼくのことが好きなんだ」と包み込むことはなによりもたいせつなんです。でも、そのままではわがまま坊主の王様になってしまうから、「うそついちゃダメでしょ」「早く起きるよ」と、社会で生きていくための掟《おきて》を教える。それを愛と躾と言うんですが、言葉を置き換えたら、父性になりますね。「どんなことがあっても、あなたのことは全部好き」と言われる状態が、子どもにとっては生きる支えになる。でも、社会で生きていくためには、ときにはガツンと言わなきゃいけないこともあります。

高橋● そのとおり。本書にも書きましたが、おかあさんは目の前にいる子どもを見て「だって、この子がこう言ってるんだから」ときわめて主観的にピンポイントに判断します。「猿が空を飛ぶ」というたとえ話があります。そんなのうそに決まっているとみんな言うでしょう。でも、たった1匹の猿が空を飛ぶ姿を見れば誰でも納得する。1万匹の猿のうち、少なくとも過半数、できれば9千匹の猿が空を飛ぶことを示す必要があるのが科学的、医学的な考え方だとしたら、「1匹飛べば十分」というつまり「うちの子がそれで良ければ、ほかの子がどうであれ、それで十分」というのが、母性の強さなんですよ。

高濱○ いやぁ〜、いい話だな。

高橋● 父性は違っていて、世の中のルールはこうで、平均的な考え方はこうだから、と。

高濱○ そう、父性は客観的なんですよね。

高橋● 「うちの子の個性は好きだけど、世の中のルールにしたがっていくことも大事なんだよ」と。ぼくが思うには、家庭は母性の場であって、学校や塾、職場は父性の場だと。複数の子どもたちが集まって、個性的な子も平均的な子も協同でなにかを成し遂げるということは、職場、社会そのものだと思うんです。こう言うと、「女性は社会で働かなくていいってことですか？」と思うかたもいるかもしれませんが、それは誤解なんです。たとえば、おかあさんも職場では父性的な考え方、行動パターンを発揮しているけれど、ひとたびお家に帰ったら母性があふれ出すと思うんです。

高濱○ （大きくうなずいて）大事なことですよ。子どもたちがしあわせになっていく最大関数は、おかあさん自身の安心感なんです。おとうさんも、おじいちゃんも好きだけど、おかあさんにはかなわない。圧倒的なんです。

高橋● 時代劇を見てもそれは感じさせられますね。医学のお話になってしまいますが、個々の細胞が生きていくためのエネルギーの根源であるミトコンドリアも母性遺伝、すなわち母から子へと受け継がれていきますから。

高濱○ おかあさんの安心感が子どものしあわせの最大関心数というのは、エビデンスがあって科学的にも証明されています。

高橋● もうひとこと付け加えると、子どもが病気、とくに心の病気になると、たいていいおかあさんの健康管理、育て方のせいにされちゃうんだけど、それは絶対に違うんです。

高濱◯　おかあさんはもっと好きなことをしていいんですよ。子どもはおかあさんのハッピーさを見ているんです。たとえ、幼稚園で友だちに叩かれて悔しかったけれど、しあわせそうなおかあさんを見たら、「世の中はいいものかな」と、すーっといつもの自分に戻れるというように。

高橋●　おかあさんはラストリゾート。安全基地みたいなものです。おかあさん自身の自己肯定感を高めることが、子どもの自己肯定感を高めますね。

高濱◯　間違いないですね！

高橋●　おかあさんの自己肯定感が低い場合、子どもの病気や問題がすべて自分の責任だと思い込んでいることが原因のことも多いです。全然そんなことないのに。おかあさんは子どもに起こるすべての悪いことを自分のせいにします。育て方とか遺伝子とか、とにかくこうなったのは自分のせいと責めて、責任を負おうとする。対するおとうさんは、もっとクールで、どうしてこんな結果になったのかと自分や環境を客観的に解析するんです。この違いがいいんですよ。たとえば、おとうさんとおか

「おかあさん自身の自己肯定感を高めることが、子どもの自己肯定感を高めます」

（著者／高橋孝雄）

あさんが五分五分の父性と母性を持ちあって、いつも同じように感じ、意見が一致してばかりいると、子どもが息つくための〝すきま〟がなくなっちゃうんです。ケンカ、とくに子どもの面前でのケンカはよくない。でも、おとうさんとおかあさんの考え方、意見がちょっとずつずれていたほうがうまくいきますね。

高濱○　おかあさんはわが子のことについて、共感性がめちゃくちゃ高い。そして、おかあさんの心の状態がよくないと、子どもの世界は曇ってしまうのです。

「メシの食える大人に」「モテる子に」

高濱○　わたしはもともと予備校の講師をしていました。ある時期、「この子は将来メシが食えないかもな」と予感させる生徒が10人ぐらいいて。みな成績は悪くないから、大学には進学できても、社会人にはなれないだろうと。彼らには動物的な危機感が欠乏していて、声も出ないし、わたしと目も合わせられない。いろいろ調べた結果、学校でも進学塾でも彼らを立て直すことはできないと知り、フリースクールにも見学に行きました。正直なところ、ここでは自立は難しそうだと感じました。やさしさはあっても、「社会に出ると甘くないんだぞ」という父性みたいなものがなかったんです。

高橋●　奇《く》しくも、父性と聞いて、共感しました。

高濱○　ありがとうございます。不登校が何十万人と聞いて、「なんじゃ、これ！」と思ったし、翻って、世の中を見ると、勝ち組に見えても、「オレは、わたしは、いまのここじゃない」と、転職したい人だらけ。自己肯定感が低すぎるんでしょうか。転職サイトの人に聞くと「みんな、やりたいことがないんですよ」って。それなのに、学校のランキングとかくだらないことが蔓延《はびこ》っていて、「これはもう、教育を変えなきゃ」と、誰もやっていない課題だから、一生かけてやろうと思いました。花まる学習会を立ち上げる前に、全学年を教えてみて、これはちっちゃいときの家の問題だな、と気づいたんです。家庭に手を突っ込まないかぎりは、変わらないなと思ってスタートしました。

そのときからの目標は、まず「自立」。そして「モテる子」というのは、人から必要とされることが生きていくうえでいちばんしあわせだと、この2つに絞りました。

高橋●　世の中の名言や、人々に広がって根づく言葉は、適度に曖昧《あいまい》なんですね。曖昧さによって聞いた人の解釈に幅がうまれる。たとえば、自分に自信を持てる状態で聞けば「やっぱりこれで良かったんだ！」と自己肯定感が強化される。一方、同じ言葉を苦しんでいる人が聞けば、自分なりの解釈をして「ああ、救われる」と感じる。「メシが食えるように」も「モテる子」も、曖昧な言葉だと思いました。ちなみに医師がする説明は、どんなに言葉をつくしても、わかりにくいですよね（苦笑）。

高濱○ああ、わかります。正確に言おうとするからですね。

高橋●そのとおり。正確に、もれなく、を心がけすぎる結果、かえって伝わらない。ぼくは、医師が使うべき、いちばん高等なスキルは〝たとえ話〟だと思うんですよ。

高濱○へええ、そうなんですか。

高橋●たとえば、てんかんの薬をやめる時には、慎重に慎重にゆっくりと減らす必要があります。その際、「飛行機の着陸のように、そおっとそおっと少しずつ薬を減らしましょう」とお話しします。もう大丈夫と思って、勝手に今日から薬を止めたらどうなる？　「それは墜落って言うんだよ」と。

高濱○なるほど、わかりやすい！

高橋●不正確だけどピンとくる、ちょうどいい曖昧さのある言葉がひとの心に残るんです。ただし、たとえ話は多くの経験を必要とする高度なスキルです。経験の浅い医師が軽率に使うと、患者さんにとって不愉快な言い回しになったり、話がかえって伝わらなかったりする。

「メシが食える」って人間が生きていくことそのものですよね。それをあえて目標にされたのは、ひとりで生きていけない人が増えたからですよね。

高濱○ そうです、まったくそのとおり。

高橋● 人間はひとりでは生きていけない。ともに生きる誰かがいないと時の流れにすら気づけないかもしれない。だから、ひとに頼ってもいいんです。それでも、「自分はひとりになっても生きていける」という自信がたいせつなのでは。自己満足でいいんです。

高濱○ 正確に言うと、絶対に誰かに頼っていますからね。

高橋● モテる人とは、「ひとの喜びや苦しみを自分のことのように感じて、一緒に楽しめる人、悩める人」なんじゃないかと。逆に、相手に自然と共感を抱かせる人もひとを惹きつける、モテると思います。自慢話はたいていつまらないものです。聞いて面白いのは失敗談。素直に落ち込める人、それを仲間に打ち明けられる人、モテますよね。人を惹きつけるんでしょうね。

高濱○ そうだと思います。

高橋● 惹きつけているものはなにかというと、それは〝共感力〟。「共感する力を持っている人、共感される力を持っている人」は、どちらもモテる人です。

高濱○ 共感力は大事なキーワードですね。人は心の生きものだから、そこのアンテナがあるかないかで、ほぼ勝負が決まるんじゃないかな。すごく優秀とか、関係ない。たとえ優秀でも、共感力のアンテナがないとかえって嫌われたりしますよね。

発達がよその子と違うとき

高濱○ 子どもの発達で悩むおかあさん、おとうさんもたくさんいると思うんですが、わたしも検査をしたら、なんらかの発達障がいがあると思うんです。ちいさいころから、なにかあると「きぃぃぃぃぃ」ってかんしゃくを起こしたし。それでも、社会に適応していたら、障がいではないと思うんです。

高橋● ちなみに、いまは発達障がいではなく「神経発達症」と呼ばれるようになりました。病名を英語表記にした時のdisorderという単語の日本語訳を「障がい」から「症」に変えたんです。それは患者さんへの配慮としては正しいけれど、残念ながら実社会、日常生活では、いまだに障がい者と見られていることに変わりはないのですが。

高濱○　発達がほかの多くの子どもたちと違うと課題になるのは、学校の同調圧力のなかで、もがくことなんです。「おまえ、変なヤツだな」とか「なんでそんなこともできないの？」とかと蔑まれたり、いじられたり。そうして心を潰されることが、大きな問題なんです。

高橋●　神経発達症にともなう特性は、変えることは難しいし、変える必要もない。そこは肚《はら》を括《くく》るしかないんです。ＡＤＨＤ（注意欠如多動症）を例にとると多くの場合、年齢とともに社会に適応して、少しずつ困難から解放されていくもの。大人になっても不注意さが残ったり、ときに衝動性が顔を出したりもしますが、それも本人の経験や努力、まわりの配慮によって克服できるものです。本質的なこと、個性として尊重されるべきものを無理やり修正しよう、矯正しようとしないことです。それはＡＳＤ（自閉スペクトラム症）でも同じです。誰にでも苦手なこと得意なことがあるのですから。

高濱○　わたしの感覚では、15歳ぐらいには落ちついてくるようです。

高橋● 通常は悪いところ、苦手なことをなおすのが医療なんですが、神経発達症の場合には少なくともぼくは、「伸びるところだけ伸ばす」という考え方です。いわゆる二次障がいを予防するために重要なポイントです。「おまえ、変わってるよな」に始まって、「出ていけよ！」と仲間外れにされる。自分はなにをやってもダメな人間、みんなの迷惑にしかならない、と自己否定が芽生える。そうなると、自己肯定感はどんどん下がってゆく。二次障がいの本態です。それを防ぐためには、本人を変えようとするのではなく、環境を整えるしかないのです。

高濱○ いじめや不登校の問題も、ここにつながりますね。

高橋● ひととのかかわりは、生きていくうえでたいへん重要です。神経発達症の子どもたちにとっても、目指すはまさに「メシの食える大人」「モテる子」です。ですから、いい友人がいるかは重要です。友だちというと同世代の子どもをイメージしがちですが、必ずしもそうでなくていいのです。教師でも、ケアする人でも、場合によっては病院の先生でもいい。よき友として話を聴く、〝代弁〟してくれる誰かがいるかどうかでその子の生活、人生が大きく変わっていくのです。

不登校をネガティブに考えすぎないで

高濱◯　小中学生の不登校が、最新のデータでは24万人超。ものすごい数字ですよね。

高橋●　ぼくは不登校の子が診察に来たら、何はともあれ「そっか、学校行きたくないか、いいよ、休んじゃえ」と共感することから始めます。なぜなら、そのまま本音を抑え込んでいると、いずれ破綻するからです。大人になってから会社を休むと、周囲に迷惑がかかるし、生活にも支障をきたします。でも、義務教育のうちならなんとかなります。「今はやり残したことがあっても、いずれ取り返せるよ、なんとかなる」と伝えます。

高濱◯　実は、半年前から、不登校の小学生たちを集めて、フリースクールを始めました。子どもたちは、学校の同調圧力にやられて、4年間も学校に登校できない子もいました。ほぼ全員になんらかの診断名がついていて、ADHDを抱えた子もいれば、LDやASDの子も。その半数は、IQが正常範囲を超えたギフテッドなんです。彼らの居場所はどこにもなくて、孤独におびえていたそうです。

高橋● 参加者は小学生だけなんですか？

高濱○ はい、いまはそうです。毎朝10時から19時まで、それは楽しそうにワイワイとやっています。若いスタッフが「不登校の子どもの学校をやりたい」と申し出てくれて、そこに愛を感じたので「やってみるか」とスタートしたのが夏の終わりでした。

高橋● 先ほど、なんとかなる、とお話ししましたが、一方、うちの小児病棟には、摂食障がいなど心の問題で入院している小中学生がたくさんいます。口から食事が摂れなくなり点滴だけで命をつないでいる子、何年も入院を続けている子もいます。そのほとんどは、最初の問題が不登校だったのです。いずれ破綻する、が現実になった子どもたちです。

高濱○ そうですか。うちのフリースクールに通ってくる子のなかにも、重度のADHDを抱えた子がいて、最初は何度も教室から逃げだしました。あるとき、ぼくが逃げる彼をつかまえてギューッと抱きしめたんです。すると「放して、どけて」と抵抗されましたが、「放さない、きみのこと大好きだから」と言い続けたところ、彼は数分ですが、着席してみんなと勉強ができるようになったんです。それからも、彼を見かけると、ハグして「大好き」と伝え続けるうちに、多動がおさまったのです。

いまでは、彼のほうからくっついてきて「ギューして」と言ってくるようになりました。

高橋● フリースクールは選択肢のひとつとして重要です。長期入院後にフリースクールに旅立っていった子どもたちもいます。たいせつなのは、親が決めるのではなく、本人に選ばせることだと思います。

高濱○ それはとっても大事なことですね。

育児は自信がなくてあたりまえ

高濱○ あるとき、ぼくのところに駆け込んできたおかあさんがいました。「先生どうしよう、うちの子（小学校低学年）おかしくなったみたい」と。大きな缶を手にもって「これです、これ」というので見たら、そこにはびっしりと消しゴムのかすが入っていました（笑）。

高橋● 男の子はとにかく変なものをコレクションしますよね。しかも、きれいに並べて、じっと見つめてにんまりしたり。クラスみんなの消しゴムを集めて、虹色に並べて、喜ぶ。そんな時は「すごいね」とか「うわ、長い。新記録だね」とか、一緒にはしゃげばいい。ぼくの医学部時代の同級生にも昆虫採集が趣味のヤツがたくさんいましたよ。

高濱○ 消しゴム蒐集家の子どものおかあさんには、「おかあさん、この子、大物になるよ」と伝えました。これ、うそじゃないんですよ。これだけ、ひとつのことに熱中できることは貴重な体験で、「そんなことより、さんすうのドリルをやりなさい」と言うのは、もったいない。とことんやらせてあげたらいいんです。

高橋● 子どもはいい意味で移り気。それも成長の過程で重要なことです。

高濱○ 子育てに自信を持てないと悩むおかあさんには、どんな声をかけますか？

高橋● 育児に自信がなくてあたりまえ。自信があるほうがおかしいですよ。

高濱○ それは、子育てに悩めるおかあさん、おとうさんを救いますね！

高橋● たとえば、スポーツ選手でも、同じことが言えるのでは。自信を持つことも重要ですが、同時に緊張していないとうまくいくわけがない。緊張感は交感神経を高めて集中力を増します。スポーツ選手でもそうなのに、日々の子育てに自信がある人がいたら、どうかしています。

高濱○　最後に、高橋先生から父性の話を聴いて、わたしからはぜひ、おとうさんたちにお願いがありまして。

高橋●　どんなことでしょうか。

高濱○　「自由研究」と名づけたのですが、おとうさんには、おかあさんをニコニコの笑顔にする研究を日々つづけてほしいんです。ある人は韓流ドラマを朝まで見たいかもしれないし、ある人は藤井風のライブに行くと笑顔になるかもしれないし、ジャニーズかもしれない。あるいは、女友だちと一泊旅行なのか、エステやネイルサロンなのか。うちの妻は、どんなときになにをしたら、笑顔になれるかを生涯かけて研究してもらいたいんです。それが子どもの心を安定させることになるから。

高橋●　はい、おかあさんの笑顔は、おとうさんにとっても、子どもにとっても不可欠です。ぜひ、自由に研究を続けていただきたい（笑）。

高濱○　わたしは、今朝も「自由研究」してきました。出かける前に、妻をハグしてきましたからね（笑）。

《対談了》

あとがきのまえに

ちいさな子どもがただそこにいるだけで、自然と顔がほころんできませんか？　こちらを向いてにこ〜っと笑いかけてくれる。ちいさな手でバイバイと手を振ってくれたら、「ああ、なんてかわいいんだろう」としあわせな気持ちになりますよね？

ちいさな子どもを見て〝かわいい〟と思う感情は、実はヒトの遺伝子に組みこまれているものです。だから、生まれたての赤ちゃんにすぐに愛情を感じ、しあわせな気持ちで育てられるのです。

これは、子どもがいない人でも同じです。子どもを産んだ経験がなくても女性には母性が備わり、子どもがいない男性にも父性があります。

さらに、ひとりの人間には母性と父性がそれぞれ共存しています。男性にも持って生まれた母性があれば、女性にも父性が宿っているのです。あなたに子どもがいなくても、子どもとかかわることによって、男性の父性はふくらみ、母性が目覚めます。女性の母性は花開き、父性が芽吹きます。

社会の一員として誰もが〝子育て〟に参加することが、ひとの心を豊かにし、社会を豊かにします。

人生百年時代を迎えて、健康な長寿とかしあわせな老後という言葉をよく耳にしますね。高齢化を〝幸齢化〟と読み替えたりして、老後の生活の質が問われています。

そんな健康でしあわせな長寿社会の礎は子どもたちです。高齢者の母性や父性の衰えを防ぐためにも、自己肯定感を高めるためにも、社会的子育てへの参加はとても有効です。ペットやAIロボットもいいですが、子どもたちとのふれあいは、なにものにも代えがたいしあわせな時間になると思います。

電車の中、レストラン、商店街やスーパー、公園など、あらゆるところが子どもたちでにぎわうことは、健康長寿社会にとってもかかせません。

とはいえ、子どもは未熟なので、公共の場でも大きな声で泣くし、走りまわるし、壊すし、よじ登るし、汚すし。でも、それが子どもです。眉をひそめて「親の躾がなっていない」と苦情を申し立てても、むなしさがつのるだけです。ところで、子どもには決して危害を加えない、というのはルールと言うより本能です。たとえ戦時であっても、これを守らないと世界中から非難を浴びることになるのはご存じですね。

あなたは子どものいない社会を想像してみたことはありますか。

どんなに味気なく、殺伐とするか……。いや、子どもなんてうるさくて煩わしいだけ。大人だけの静かで落ち着いた社会で暮らしたいと願う人もいるかもしれません。しかし、そこはモノトーンな社会です。

子どものはしゃぐ声、ケンカして泣き叫ぶ声、下手な歌、落書きだらけの壁……。にぎやかで愉快でごちゃごちゃとした子どものいる世界は、実はとても豊かなのです。

どんなに少子化が叫ばれても、なんとか100万人の大台を死守してきた年間出生数が、コロナ禍を経て79万9728人（2022年速報値）に減少しました。

この状態は、グリム童話〝ハーメルンの笛吹き男〟がひたひたと迫ってきているようすを想起させます。この物語はドイツのとある村が舞台。村人たちを悩ませていたネズミを駆除した笛吹き男は、約束の報酬が支払われなかったことに怒ります。復讐として村の子どもたちを笛の音色でおびき寄せて連れ去ってしまいます。グリム兄弟らしい風刺が効いたストーリーですが、いつの日かこの不気味な余韻が現実になるかもしれません。ほんの少しだけ形を変えて。

「子どもの声がうるさいから」と保育園開設に近隣の住人が大反対して、結局開設が見送られるケースが話題になりました。そんな〝子どもアレルギー〟のような社会は、どの世代にとっても暮らしやすいはずがない——。見も知らぬ子どもに「ここにいてくれてありがとう」と感謝する。子どもに共感できることが、文化度の高さだとぼくは思います。

望んでも赤ちゃんを授からなかったひともいれば、つくらないと決めているひともいるでしょう。いずれにしても、子どもがいないひともかつては赤ちゃんだったし、子どもでした。自分の子どもを育てることはなくても、社会のなかで子育てに参加してみませんか。

電車のなかで赤ちゃんや子どもに出会ったとき、目が合ったらそっとほほ笑みかけるだけでも、それは社会的な育児参加なのです。駄々をこね、泣きやまない子どもに肩身を狭そうにしているおかあさんを「だいじょうぶ。気にしないでね」とやさしいまなざしで見守るだけでもいいのです。

そんなささやかなことの積み重ねで、おかあさんが、子どもたちがしあわせになれたら……。それだけでみんなが、社会全体が、しあわせになれるのでは、と。

これもぼくの願いです。

あとがき

ぼくは4歳のときに父を脳腫瘍で亡くし、母がぼくと年子の弟を女手ひとつで育ててくれました。母子家庭で生活保護世帯でしたから、家族旅行なんて高校に上がるまでしたこともなかったし、晩ごはんのカレーの具は決まって魚肉ソーセージだけでした。

祖父から渡された教育費も使い果たしてしまった母ですが、本文でもお話ししたように、ぼくたち息子に一度も「勉強しろ」と説教することはありませんでした。ところで母は父が脳腫瘍を発症しているのを承知で結婚したそうです。「(腫瘍は)手術で取れないところにある、って言われたとき、死ぬって意味だと思わなかったのよ」と平然と話していたのを覚えています。鈍感だったのか、肝が据わっていたのか。幸い、ぼくたち兄弟も、自信を失うこともなく、自らの意思でその後の人生を歩むことができました。殊に弟は大学の機械工学科を卒業し、宇宙空間でとびきり丈夫なセラミックスを作楽しんでいます。

貧乏な母子家庭で育ったぼくですが、幸運にも学費免除の奨学金をいただき、医学部を無事卒業することができました。こうして小児科医になり、何万人もの子どもたちに出会うことができました。父がいなくても、経済的に恵まれなくても、母や父からもらった遺伝子が悪い影響を受けることはなかったと信じています。

母は晩年、子どものころに苦労させたこと、教育費として渡されたお金を自分のために使ったことを後悔し、泣いてあやまったことがありました。「ごめんなさい」と子どものように泣いていました。

「勉強するな」と言っていた母ですが、ぼくが医師国家試験に合格したときは「すごいね」「がんばったね」と心から喜んでくれました。父がこの世をさった年齢である33歳を超えてぼくが〝生き延びた〟ときには、ほんとうに安心したようでした。母にとっての子育ては、このとき、完了したのかもしれません。

子育てに悩み、落ちこんでいるおかあさん。

子どもに「ごめんね、許してほしい」という気持ちでいるおかあさん。だいじょうぶですよ。後悔ほど深い愛情はありませんから。

ぼくには父の思い出はほとんどありません。常に頭痛に悩まされていたようで、父の居室はいつもカーテンがひかれ薄暗かったのを憶えています。ぼくたち兄弟はふたりで食事をとっていたのだと思います。ある日のこと、「今日はこっちで食べる!」といって父の居室に食事を運んだときのことを、鮮明に憶えています。母は「あっちで食べなさい!」ときつく叱ります。

「いいじゃないか……」

その父の言葉が、唯一、父の思い出です。ほかにも会話やふれあいはあったはずなのに、なぜ、そのときのことだけが記憶に残ったのか、いまも不思議です。子どもと一緒に過ごしたい、ふたりだけで食事をさせてすまない、と思う父の強くせつない思いが、あのひとことに込められていたのかもしれません。おそらく3、4歳であったと思われるぼくの心にも、その思いが深く刻まれたのでしょうか。言葉が少なくても、一緒の時間が短くても、父性のチカラは発揮されるのではないでしょうか。

世の中のおとうさん、あなたもがんばってくださいね。だいじょうぶですよ。男には男の出番があります。

そして、もしもあなたに子どもがいないとしても、あなたの母性や父性を出会った子どもたちに分けあたえてください。どんなささやかなことでもかまわないので。

最後にぼくを産んで育ててくれた亡き母　清子と、一緒に人生を歩んでくれている妻　才知子に、感謝をささげます。

ほんとうにありがとう。

慶應義塾大学医学部
小児科教授
高橋孝雄

高橋孝雄（たかはし・たかお）

慶應義塾大学医学部小児科教授。医学博士。専門は小児科一般と小児神経。日本小児科学会会長。1957年、8月生まれ。1982年慶応義塾大学医学部卒業。1988年から米国マサチューセッツ総合病院小児神経科に勤務、ハーバード大学医学部の神経学講師も勤める。1994年帰国し、慶應義塾大学小児科で、医師、教授として活躍している。趣味はランニング。マラソンのベスト記録は2016年の東京マラソンで3時間7分。別名〝日本一足の速い小児科教授〟。著書に、『子どものチカラを信じましょう』（小社）などがある。

マガジンハウス新書 015

小児科医のぼくが伝えたい

最高の子育て

2023年3月30日　第1刷発行

著　者　高橋孝雄
発行者　鉄尾周一
発行所　株式会社マガジンハウス
〒104-8003　東京都中央区銀座3-13-10
書籍編集部　☎03-3545-7030
受注センター　☎049-275-1811

印刷・製本所／中央精版印刷株式会社
ブックデザイン／TYPEFACE（CD 渡邊民人、D 谷関笑子）
図表制作／hachii（Table Magazine）
対談撮影／中島慶子
編集協力／田村幸子

※本書は、2018年9月に小社より刊行された単行本『小児科医のぼくが伝えたい最高の子育て』を加筆修正し、新書化したものです。

ISBN978-4-8387-7516-3 C0237